改正民法対応

しはじめてもわかる

売買契約書
図解とチェックリストで
抜け漏れ防止

編著 TMI総合法律事務所 滝 琢磨・菅野 邑斗

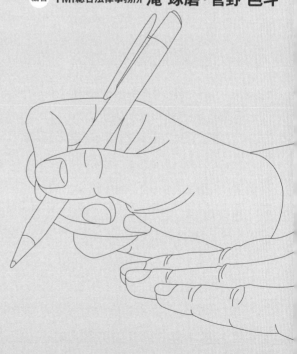

第一法規

はしがき

2017年5月26日、民法の一部を改正する法律（平成29年法律第44号）が成立し、同年6月2日に公布された。同改正は、明治29年（1896年）に民法が制定されて以来約120年ぶりの大改正であり、主に債権関係の規定を中心とするものである。その大半は2020年4月1日に施行され、この改正による実務への影響は相当程度見込まれるものとなっている。

この債権関係の規定の見直しに関する議論を端緒として、学者や実務家を中心とする専門家等から債権法改正に関する各種の書籍や論文等が発表され、専門的な論点分析や先端的な研究等が盛んに行われている。

しかし、本書は、そうしたものを更に進めることを狙いとするものではない。実務の現場では、契約書の作成・改訂作業や相手方との交渉等が日常的に必要となることが多く、実務への影響が少ない問題や高度で専門的・理論的な知識等への関心は必ずしも高くない。むしろ、それぞれの当事者の立場に立って、民法改正対応や実務上の交渉ポイント等が容易に把握できる簡易な書籍が手元にあれば、真に実務に役立つ書籍となるのではないか。本書は、こうした狙いで執筆されたものである。

具体的には、まずは契約書の基本ともいうべき売買契約書を題材として、専門家たる弁護士や企業の法務担当者が用いる場面よりも、現場の営業担当者など対外的な交渉等を現場で行っている方が用いる場面を想像しながら解説を作成している。こうした方々が移動や休憩等のちょっとした時間であっても直ぐにポイントを把握できるよう、チェックリストや図面等を多く用いるとともに、文字も大きくし、文章も短く簡潔にまとめた。また、やや細かい議論や詳細にわたる部分は脚注に落とすなどしてメリハリをつけている。現場でご苦労をされている方が、これを用いて、短時間で交渉ポイント等を容易に把握して頂くことができれば、大変に幸いである。

そして、第一法規株式会社出版編集局編集第四部の井原一道氏には、本書の企画から刊行に至るまで多大なるご尽力を頂いたことに心から深謝申し上げたい。本書が、売買契約書の作成・交渉等の現場で働く実務の皆様に少しでもお役に立てることができることを期待している。

　なお、本書中の意見にわたる部分は執筆者の個人的見解であり、執筆者が過去に所属し、または現在所属する団体等の見解ではないことに留意いただきたい。

　2019 年 9 月

　　　　　　　　　　TMI 総合法律事務所　パートナー弁護士　滝　琢磨

凡　例

略称	正式名称
新　　　　法	民法の一部を改正する法律（平成29年法律第44号）
整　備　法	民法の一部を改正する法律の施行に伴う関係法律の整備等に関する法律（平成29年法律第45号）
本　改　正	改正法及び整備法に基づく民法その他関係法律の改正
旧　　　　法	本改正による改正直前の民法
旧　商　法	本改正による改正直前の商法
新　　　　法	本改正による改正直後の民法
新　商　法	本改正による改正直後の商法
部　　　　会	法制審議会－民法（債権関係）部会
部　会　資　料	法制審議会－民法（債権関係）部会の部会資料
部　会　議　事　録	法制審議会－民法（債権関係）部会の会議議事録
一　問　一　答	筒井健夫＝村松秀樹編著「一問一答民法（債権関係）改正」（商事法務、2018）
潮　見　概　要	潮見佳男著「民法（債権関係）の改正法の概要」（きんざい、2017）
重　要　論　点	鎌田薫＝内田貴他著「重要論点実務民法（債権関係）改正」（商事法務、2019年）
定型約款 Q&A	村松秀樹＝松尾博憲「定型約款の実務 Q&A」（商事法務、2018年）
中　田　契　約	中田裕康「契約法」（有斐閣、2017年）
升　　　　田	升田純「現代取引社会における継続的契約の法理と判例」（日本加除出版、2013年）
我　妻　＝　有　泉	我妻榮＝有泉亨＝清水誠＝田山輝明著「我妻・有泉コンメンタール民法　第6版　総則・物権・債権」（日本評論社、2019年）

ダウンロードサービス

下記URLから本書の契約書雛形をダウンロード頂けます。

http://www.d1-book.com/

※ダウンロードは、2024年11月10日までとなります。

【ご注意】

　本書は法的意見書ではなく、またダウンロードサービスにより提供する契約書雛形は、 読者が所属される組織あるいは個人のご使用目的に合わせ、修正して契約書を作成するためのサンプルとしてご提供しているものです。個別案件にあたっては弁護士等の専門家にご相談されるようお願いします。

　なお、出版社並びに編著者、各著者は本契約書や本書の使用によって発生することのある直接損害及び間接損害についての責任を一切負担しません。

第1編 買主編

1 担保責任　2
- 01 なぜ担保責任を契約書で定める必要があるの？……………… 3
- 02 提示を受けた条文が「瑕疵」となっていた場合はどうすればいいの？……………… 4
- 03 文言が「契約不適合」となったことで注意すべきポイントは？…… 6
- 04 担保責任の内容についてはどのような点に注意すればいいの？…… 7
- 05 商法との関係で注意する点はありますか？…………………13

2 損害賠償責任　16
- 01 なぜ損害賠償について契約書で定める必要があるの？…………17
- 02 なぜ遅延損害金について規定する必要があるの？……………18

3 危険負担　21
- 01 なぜ危険負担について契約書で定める必要があるの？…………22
- 02 危険負担について、どんなことに気を付ければいいの？………24

4 引渡し　28
- 01 検査基準の内容はどうすればいいの？………………………29
- 02 受入検査の時期等はどうしたらいいの？……………………30
- 03 受入検査に合格・不合格の場合はどうなるの？………………31

5 所有権 　　　　　　　　　　　　　　　　　　　　　　34

01 所有権の条項ではどのようなことに気を付ければいいの？……35

6 代金の支払い 　　　　　　　　　　　　　　　　　　　38

01 代金の支払いの条項ではどのようなことに気を付ければいいの？……39

第2編 売主編

1 担保責任 　　　　　　　　　　　　　　　　　　　　44

01 なぜ担保責任に注意する必要があるの？……………………45

02 提示を受けた条文が「瑕疵」となっていた場合はどうすれ
　　ばいいの？……………………………………………………46

03 文言が「契約不適合」となったことで注意すべきポイントは？……48

04 担保責任の内容についてはどのような点に注意すればいいの？……49

05 商法との関係で注意する点はありますか？………………54

2 損害賠償責任 　　　　　　　　　　　　　　　　　　58

01 なぜ損害賠償について契約書で定める必要があるの？…………59

02 なぜ損害賠償金の額の上限を定める必要があるの？……………60

3 危険負担 　　　　　　　　　　　　　　　　　　　　63

01 なぜ危険負担について契約書で定める必要があるの？…………64

02 危険負担について、どんなことに気を付ければいいの？………66

vii

4　引渡し　69

01　検査基準の内容はどうすればいいの？……………………70

02　受入検査の時期等はどうしたらいいの？……………………71

03　受入検査に合格・不合格の場合はどうなるの？……………73

5　所有権　76

01　所有権の条項ではどのようなことに気を付ければいいの？……77

6　代金の支払い　80

01　代金の支払いの条項ではどのようなことに気を付ければい
　　いの？………………………………………………………81

02　なぜ遅延損害金の利率について規定する必要があるの？………83

第3編　共通事項編

1　譲渡制限特約　88

01　契約相手等を勝手に変えられないようにするには？……………89

2　解除　94

01　なぜ解除を契約書で定める必要があるの？…………………96

02　帰責事由について記載がない場合はどうしたらいいの？………98

03　解除者の帰責事由による場合は？……………………………100

04　少しでも契約違反があれば解除できるのでしょうか？………103

05　履行不能であれば、誰にも責任がなくても当然に解除でき
　　るの？…………………………………………………………105

06　解除事由について他に留意すべき点はあるの？………………107

3 目的及び範囲 110

01 目的条項を確認する際に注意すべきポイントは？……………… 111

02 適用範囲についての条項について確認すべきポイントは？… 113

4 個別契約の成立 116

01 個別契約の成立時期について注意すべきポイントは？……… 117

02 みなし承諾期間について注意すべきポイントは？…………… 120

5 その他重要事項 123

01 不可抗力条項について……………………………………… 123

02 通知条項について…………………………………………… 127

03 協議を行う旨の合意による事項の完成猶予について……… 129

04 契約の有効期間について…………………………………… 131

05 連帯保証条項について……………………………………… 136

06 売買基本契約書の雛形の定型約款該当性について………… 139

07 反社会的勢力排除条項について…………………………… 142

08 秘密保持条項について……………………………………… 146

09 管轄条項について…………………………………………… 150

第4編 条文＆チェックリスト編

1　売買基本契約書（買主編サンプル）	154
2　売買基本契約書（売主編サンプル）	163
3　チェックリスト（買主側）	172
4　チェックリスト（売主側）	175

買主編

　本編では、売主から契約書の提示を受けた買主側が、どのような観点から契約書を確認すればよいかを検討していきます。

> 　本書で紹介しているサンプル契約のように、特定の取引に共通して適用される条件を定めた契約を、"基本契約"といいます。
> 　他方、基本契約に基づき、注文書や注文請書等を通じてなされる目的物や代金等の合意を、"個人契約"といいます。

1 担保責任

（重要度：**高**、改正対応：**要**）

~修正後のサンプル条項~

第9条（瑕疵担保責任）

1．買主は、本件物品がその種類、品質又は数量に関して本契約又は個別契約の内容に適合しない場合には、売主に対し、本件検収の完了適合しないことを知った日から2年以内に限り（数量又は権利の不適合の場合は期間制限なく）、目的物に隠れた瑕疵が存在したことにより買主が被った損害の賠償を請求次の各号に定める権利のうち一つ又は複数の権利を選択し、行使することができる。なお、買主は、売主に対して第4号に定める権利を行使する場合には、事前に相当の期間を定めて第1号に定める履行の追完を催告することを要しない。

　(1)本件物品の修補、代替物の引渡し、不足分の引渡し（以下「履行の追完」と総称する。）。なお、売主は、買主の請求した方法と異なる方法による履行の追完を請求することができない。

　(2)契約不適合により買主が被った損害の賠償請求

　(3)本契約又は個別契約の解除

　(4)代金の減額の請求

2．商法第526条は適用しないものとする。

---

01 なぜ担保責任を契約書で定める必要があるの？

ポイント

本件物品に不具合がある場合には、**売主に対して法的な責任を追及し易いようにする必要がある**からです。

ポイント解説

買主が、売主から購入し引き渡された本件物品について、後に不具合が見つかることがあります。担保責任の条項は、このような場合に、買主が売主に対し責任を追及するための規定です。そのため、契約交渉においては、**買主側は、できるだけ責任追及がし易いようにする必要があります。**

02 提示を受けた条文が「瑕疵」となっていた場合はどうすればいいの?

ポイント

「隠れた瑕疵」を「契約不適合」へ修正しましょう。

～修正後のサンプル条項の該当部分～

第9条 (瑕疵担保責任)

1. 買主は、本件物品がその種類、品質又は数量に関して本契約又は個別契約の内容に適合しない場合には、売主に対し、本件検収の完了日から2年以内に限り(数量又は権利の不適合の場合は期間制限なく)、目的物に隠れた瑕疵が存在したことにより買主が被った損害の賠償を請求次の各号に定める権利のうち一つ又は複数の権利を選択し、行使することができる。(以下略)

ポイント解説

(1) 旧法の内容

旧法第570条は「売買の本件物品に隠れた瑕疵があったとき」に買主は損害賠償の請求及び契約の解除をすることができるとしています。

(2) 旧法の問題点

しかし、売買の本件物品に不具合があった場合に買主にどのような救済手段があるかなどについては、学説上争いがあり、また判例の立場も明らかではありませんでした。

（3）　新法の内容

　そこで、新法は、現代社会の取引の状況を踏まえ[1]、売主は、引き渡された本件物品が**種類、品質又は数量に関して契約の内容に適合しない場合**には、担保責任を負うこととしました（その場合の責任の詳細は、後述します。）。

　それにもかかわらず、新法の施行後も、契約書上の文言が**「隠れた瑕疵」、「瑕疵」**等となっている場合には、買主側・売主側いずれの場合であっても、新法が適用されるかどうかに疑義が生じてしまいます[2]。無用な紛争による時間とコストの発生を避けるため、前記修正後のサンプル条項のように修正するべきです。

---

1. 一問一答274頁

2. この点に関連して、一問一答は、「『瑕疵』という用語を用いると、本件物品に客観的にキズがあれば契約の内容と適合するかどうかにかかわらず売主が担保責任を負うとの誤解を招くおそれがある。そこで、新法では、『契約の内容に適合しない』との用語を用いて、端的に『瑕疵』の具体的な意味内容を表すこととしている。」（275頁）とも述べていることからしても、やはり、「瑕疵」という文言は、上記のとおり修正すべきでしょう。

03 文言が「契約不適合」となったことで注意すべきポイントは?

ポイント

本件物品の「種類」「品質」「数量」を契約書等で特定できるようにしましょう。

ポイント解説

　担保責任は、「引き渡された本件物品が種類、品質又は数量に関して契約の内容に適合しないものであるとき」に発生することとなりました。

　そのため、「買主」側は、購入した本件物品が満足のいかないものである場合に、それが**契約に適合しないことを主張し、担保責任の追及がし易くなるように**「種類」「品質」「数量」を可能な限り具体的に特定しておくべきです。具体的には、次の方法が考えられます。

①**仕様書（第7条）や契約書の別紙**に、**本件物品の「種類」「品質」「数量」を詳細に規定すること**[34]。

②（全ての合意事項について契約締結時に書面上にまとめて記載するのが困難であれば、）**契約交渉時**に、売主との間で協議した内容をその都度売主との間で**議事録化しておくこと**や、**メール等に残すこと**等。

---

3. 後述するとおり第1条の契約目的の充実化をすることも有用です。

4. 仕様書や別紙は作成が後回しになることが多いですが、上記のとおり契約内容にも影響する事項ですので、可能な限り早い段階から必要な情報を整理し、作成しておくことが重要です。

04 担保責任の内容についてはどのような点に注意すればいいの?

ポイント

新法に照らして、なるべく担保責任を追及し易くなるように契約交渉をしましょう。

ポイント解説

(1) 新法の原則ルール

旧法においては、物の瑕疵については、損害賠償請求と解除が、権利の瑕疵[5]についてはそれに加え代金減額請求が定められていましたが、新法においては、いずれの場合も(契約不適合の場合は)、①履行の追完(具体的には、(i)目的物の修補、(ii)代替物の引渡し、(iii)不足分の引渡

---

[5]. 具体的には、売買の目的である権利の一部が他人に属する場合(旧法563条1項)等でした。

し）の請求（新法562条１項）、②代金減額請求（新法563条。但し、原則として事前の催告が必要です。）、③損害賠償請求、④解除という幅広い手段が認められました。

また、追及可能期間につき、新法は、目的物が「種類」又は「品質」に関して契約の内容に適合しない場合には、原則として１年以内にその旨の通知をしなければならず、他方、目的物が「数量」や「権利」に関して契約の内容に適合しない場合については、期間制限を設けていません（新法566条本文）[6]。

なお、これらの手段のうち、①②④は、契約の不適合が買主の責めに帰すべき事由によるものであるときは行使できません[7]。また、③については、契約の不適合が売主の責めに帰することができない事由による場合には、行使できません[8]。

～修正後のサンプル条項の該当部分～

（新法に則った手段を規定する例）

第９条（瑕疵担保責任）

１．（略）

　(1)本件物品の修補、代替物の引渡し、不足分の引渡し（以下「履行の追完」と総称する。）。（略）

　(2)契約不適合により買主が被った損害の賠償請求

　(3)本契約又は個別契約の解除

---

[6]. その理由としては、数量が不足していたことは外見上明らかであることが多く、また、目的物に担保物権や用益物権が付着していた場合なども登記等が対抗要件とされていてその判別は比較的容易であるといえるからとされています（一問一答284頁）。

[7]. ①について新法562条2項、②について新法563条3項、④について新法543条に基づきます。

[8]. 新法415条1項但書に基づきます。

⑷代金の減額の請求

（以下略）

(2)　新法の原則ルールに照らした検討事項

買主側検討事項
・追及方法の選択肢の確保
・追及方法の緩和
・追及方法の選択権
・追及可能期間の拡大

①追及方法の選択肢の確保

　旧法を前提とした契約書の場合には、買主側の手段が狭められている可能性があります（サンプル条項9条1項も損害賠償しか規定されていません。）。そこで、買主側としては、まず、新法に則った手段となるよう契約交渉をする必要があります。

②追及方法の緩和

　代金の減額請求権は、原則として履行の追完催告をし、相当期間内に履行の追完をしない場合に可能とされています。しかし、例えば、買主側としては、「万が一、契約の不適合がある場合に、もはや履行の追完は不要であり、直ちに、不適合分の代金の減額を請求したい。」などと考える場合には、その旨の規定とするよう契約交渉をすることが考えられます。

　また、その他にも、売主の帰責性の有無を問わずに担保責任の追及ができることなどを明記するよう契約交渉をすることも考えられます。

（代金減額請求につき履行の追完催告を不要とするための文言例）

第9条（担保責任）

1．買主は、本件物品がその種類、品質又は数量に関して本契約又は
個別契約の内容に適合しない場合には、売主に対し、適合しないこ
とを知った日から2年以内に限り（数量又は権利の不適合の場合は
期間制限なく）、次の各号に定める権利のうち一つ又は複数の権利
を選択し、行使することができる。なお、買主は、売主に対して第
4号に定める権利を行使する場合には、事前に相当の期間を定めて
第1号に定める履行の追完を催告することを要しない。

(1)本件物品の修補、代替物の引渡し、不足分の引渡し（以下「履行
の追完」と総称する。）。なお、売主は、買主の請求した方法と異
なる方法による履行の追完を請求することができない。

(2)契約不適合により買主が被った損害の賠償請求

(3)本契約又は個別契約の解除

(4)代金の減額の請求

---

③追及方法の選択権

　新法562条1項但書は、売主は、買主に不相当な負担を課するもので
ないときは、買主が請求した方法と異なる方法による履行の追完をする
ことができるとしています。これは、例えば、買主は代替物の引渡しを
選択したが、修補は容易で費用も低廉であり、買主にも特段の不利益は
ないことがあり得るからだとされています[9]。

　買主としては、修補により完全に契約不適合があるか疑義があるよう
な場合に、売主が「修補をしたので、代替物の引渡しをする必要はない。」
と主張されることは避けなければなりません。そうすると、むしろ、買

9．一問一答276頁

主側に履行の追完内容について、広範な選択権を与えることが考えられます。

（買主側に追及方法の選択権を与えるための文言例）

第９条（担保責任）

１．買主は、本件物品がその種類、品質又は数量に関して本契約又は個別契約の内容に適合しない場合には、売主に対し、本件検収の完了日から２年以内に限り（数量又は権利の不適合の場合は期間制限なく）、~~目的物に隠れた瑕疵が存在したことにより買主が被った損害の賠償を請求~~次の各号に定める権利のうち一つ又は複数の権利を選択し、行使することができる。

(1)本件物品の修補、代替物の引渡し、不足分の引渡し（以下「履行の追完」と総称する。）。なお、売主は、買主の請求した方法と異なる方法による履行の追完を請求することができない。（以下略）

---

④追及可能期間の拡大

　買主側としては、なるべく長期間、担保責任が追及可能な規定となるよう契約交渉をすることが考えられます。この点に関連して、サンプル条項例は、「本件検収の完了日から２年」としていますが、期間が「２年」である一方、始期が「本件検収の完了日」となっているため、買主が契約不適合を知らないうちに、責任追及可能期間を経過してしまうかもしれません。そこで、以下のような修正が考えられます。

（責任追及可能期間をより長期にするための文言例）

第9条（担保責任）

1．買主は、本件物品がその種類、品質又は数量に関して本契約又は個別契約の内容に適合しない場合には、売主に対し、~~本件検収の完了~~適合しないことを知った日から2年以内に限り（数量又は権利の不適合の場合は期間制限なく）、次の各号に定める権利のうち一つ又は複数の権利を選択し、行使することができる。

（以下略）

　加えて、新法は、引き渡された目的物が数量又は権利に関して契約の内容に適合しない場合については、期間制限を設けていません（新法566条本文）。そこで、買主としては、かかる場合には、新法に則り期間制限を設けないこととするよう契約交渉をすることも考えられます。

（数量・権利に関する契約不適合の場合に期間制限を設けないための文言例）

第9条（担保責任）

1．買主は、本件物品がその種類、品質又は数量に関して本契約又は個別契約の内容に適合しない場合には、売主に対し、適合しないことを知った日から2年以内に限り（数量又は権利の不適合の場合は期間制限なく）、次の各号に定める権利のうち一つ又は複数の権利を選択し、行使することができる。（以下略）

---

05 商法との関係で注意する点はありますか?

ポイント

商法526条が排除される（なるべく担保責任を追及できる）ように契約交渉をしましょう。

ポイント解説

　新・旧商法526条は、担保責任の特則（例外的なルール）を定めており、商人間の売買においては[10]、買主が、①その売買の目的物を受領した際に、遅滞なくその目的物を検査の上、契約内容の不適合を発見した

---

[10]. 新・旧商法は、原則として、「自己の名をもって商行為をすることを業とする者」（商法4条1項）を「商人」としていますが、何が「商行為」に該当するかは、商法501条から503条までに定める行為に該当するかで判断されます。
また、「会社がその事業としてする行為及びその事業のためにする行為は、商行為とする。」とされており（会社法5条）、故に、会社は、「自己の名をもって商行為をすることを業とする者」（商法4条1項）として、商人に該当すると考えられています（最判平成20年2月22日民集62巻2号576頁も同様の判断をしています。）。

にもかかわらず直ちに売主に対しその旨通知しなかった場合、②契約不適合が直ちに発見できないものであるが、目的物の受領から6か月以内に契約不適合を発見したにもかかわらず直ちに売主に対しその旨通知しなかった場合には、前述の履行の追完の請求、代金の減額の請求、損害賠償の請求及び解除をすることができないとしています（同条1項及び2項）。但し、買主が売買の目的物について契約不適合があることを知っていた場合には、当該規定の適用はありません（同条3項）。

そのため、買主としては、商法526条が適用されてしまうと、担保責任を追及できる可能性が低くなってしまいますので、サンプル条項例9条2項のように、同条の適用を排除する規定となるようにするか、仮に適用させるとしても、前述の04の①〜④のように、なるべく担保責任が追及しやすくなるように契約交渉をすることになります。

1

担保責任

チェックリスト

☐ 「**隠れた瑕疵**」から「**契約不適合**」への修正ができていますか?

☐ 「**不適合**」の対象となる「**種類**」「**品質**」「**数量**」が特定できていますか?

☐ 担保責任の内容が、**長期間、様々な責任を追及できるように規定**されていますか?

☐ **商法526条の規定を排除**できていますか?

2　損害賠償責任

（重要度：**高**、改正対応：**要**）

～修正後のサンプル条項～

第13条（損害賠償責任）

1．当事者は、相手方が本契約又は個別契約に違反したことにより損害を被ったときは、自己が被った損害の賠償を相手方に請求することができる。

2．当事者が、相手方に対する本契約又は個別契約上の債務の履行を遅滞したことにより損害が生じた場合には、相手方に対し、前項の損害の賠償に加えて、履行すべき日の翌日から当該債務の全ての履行を完了するまで年利14.6％の割合（年365日の日割り計算）による遅延損害金を支払う。

---

01 なぜ損害賠償について契約書で定める必要があるの?

ポイント

売主が売主側の原因で契約どおりの履行をしない場合には、**売主に対して損害賠償を求めやすくする必要がある**からです。

ポイント解説

　売主が、買主に対して本件物品を引き渡さなかったり、本件物品の納入の際に例えば買主の設備を傷つけてしまったりするなど、契約どおりの履行をしないことがあります。損害賠償責任の条項は、このような場合に、**買主が売主に対し責任を追及するための規定**です（ただし、買主が代金の支払いを遅延するなどの債務の不履行をした場合には、反対に、損害賠償責任の条項に基づいて売主が買主に対して責任を追及することとなります。）。

02 なぜ遅延損害金について規定する必要があるの?

ポイント

売主が履行を遅滞した場合の遅延損害金を高い利率に設定することで、**売主に対し物品の納入を契約どおりに実行するよう促す**ことができるとともに、納品しない場合に**より多くの遅延損害金を請求する**ことができるからです。

ポイント解説

　売主が履行を遅滞した場合の遅延損害金として、売主が遅滞の責任を負った最初の時点における法定利率[11]を上回る約定利率を定めることにより、売主に対し物品の納入を契約どおりに実行するよう促すことができます[12]。

　もっとも、当事者双方とも遅延損害金の支払いを定める規定ですので、買主側としても、もし本件物品の代金支払いが遅れてしまうと、遅延損害金を支払う必要が出てくることに注意が必要です。そのため、買主と

11.約定利率については、過去の慣習や国税通則法60条などの各種法令にならい、年利14.6%とするケースが実務上多くみられます（当該利率は、365で割り切れるため、日割計算がし易い利点もあります）。約定利率は、年利14.6%より高額な利率を定めることが可能ですが、あまりに高額な利率は、公序良俗に反し、無効となる可能性があるので、留意が必要です。なお、仮に、遅延損害金を負担するのが消費者である場合には、年利14.6%を超える遅延損害金の利率については、消費者契約法9条2号により、超過部分が無効となります（本書は企業間の取引を想定しているため、消費者契約法の適用はありません。）。

12.その他、売主側の履行を促す方法としては、違約罰や損害賠償の予定の規定を定めておくことが考えられます。例えば、「売主は、本契約及び個別契約上の義務に違反したときは、買主に対して、違約罰の違約金として●円を支払う。」などと規定することが考えられます。

しては、本件物品の注文合計金額の支払いが確実である場合かどうかを考えておく必要があり、そのような確実性が低い場合には、このような遅延損害金の利率を低くして定め、又はそもそもこのような規定を定めないということが考えられます。

第1編　買主編

チェックリスト

☐ **損害賠償責任の条項が規定されていますか?**

☐ **遅延損害金の規定を定める必要はありませんか?**

3　危険負担

（重要度：**中**、改正対応：**要**）

〜修正後のサンプル条項〜

第6条（危険負担）

1．本件物品について、本件検収が完了する前に滅失、損傷その他の損害（以下「滅失等」という。）が生じた場合には、当該滅失等は、それが買主の責めに帰すべき事由によって生じたときを除き、売主の負担とする。ただし、第11条に定める場合には、同条に定めるところによる。

2．当事者双方の責めに帰することができない事由によって前項の滅失等が生じ、これにより売主がその債務を履行することができなくなった場合には、買主は、当該本件物品に係る代金の支払いを拒むことができる。

---

01 なぜ危険負担について契約書で定める必要があるの？

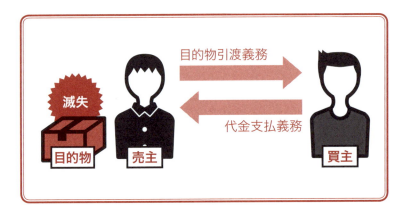

ポイント

売買の目的物が滅失等したにもかかわらず、売主から代金の支払いを求められた場合に、**代金の支払いを拒めるようにするため**です。

ポイント解説

(1) 旧法の内容

　当事者双方に責任のない事由により、既に特定された売買の目的物が滅失等した場合において、売主から代金の支払いを請求された買主は、代金を支払わなくてはならないというのが原則でした（旧法534条、535条1項及び2項・債権者主義）。

(2) 旧法の問題点

例えば、中古建物の売買契約の締結直後に、その建物が地震によって滅失してしまった場合に、まだ一度もその建物に住んだことがない買主であっても、売主に対して代金全額を支払わなくてはならないなど、旧法には**買主のリスクが大きすぎる**という問題点がありました[13]。また、どの時点まで売主が滅失等について責任を負い、**どの時点から買主が滅失等について責任を負うのかが明文化されていない**という問題点もありました。

(3) 新法の内容

そこで、新法では、当事者双方に責任のない事由により、引渡し前に売買の目的物が滅失等した場合において、売主から代金の支払いを請求された買主は、代金の支払いを拒めることとなり（新法536条1項・債務者主義）[14]、買主のリスクが低減されるとともに、危険の移転時期も明記されることとなりました（新法567条1項)[15]。

---

[13].一問一答227頁

[14].この履行拒絶の結果、債権者は、反対給付債務の履行期を徒過しても、遅延損害金の支払い義務を負わないことになります（一問一答・228頁）。

[15].債務者（売主）の責めに帰すべき事由により、債務（目的物引渡債務）が履行不能となった場合の処理について、立案担当者は、危険負担の問題ではないとしています。すなわち、債務者（売主）が負っていた債務（目的物引渡債務）は填補賠償債務に転嫁し、債権者（買主）の反対債務（代金支払債務）とは、同時履行に立ち、債権者（売主）は同時履行の抗弁権（弁済期が異なれば不安の抗弁権）により、代金の支払いを拒絶できると解しています（部会資料79-3.17頁、第91回部会議事録18、26頁）。

これに対しては、このような場合も危険負担の問題と解し、債権者（売主）に履行拒絶権を認める見解も主張されています（重要論点255頁）。

第1編 買主編

02 危険負担について、どんなことに気を付ければいいの？

ポイント①

「引渡し前に」ではなく、「本件検収が完了する前に」と
規定しましょう[16]。

ポイント解説

　新法では、引渡し前に目的物が滅失等した場合のリスクは売主が引き
受け、引渡し以後に目的物が滅失等した場合のリスクは買主が引き受け
ることになりました。

　但し、単純な売買契約の場合であればともかく、本書の想定する売買
契約のように検収が必要になるような売買契約の場合には、買主として
は、検収が完了するまでは危険負担の適用を避けることができるように
しておく必要があります。

16.契約書によっては、何をもって「引渡し」とするかが個別に定義されている場合があります。
　　その際、「本件検収の完了をもって引き渡されたものとする」など、検収の完了をもって引渡し
　　とする旨の規定がある場合には、「引渡し前に」という規定を修正する必要はないでしょう。

24

ポイント②

代金支払義務の履行を拒絶できることを明記しましょう。

ポイント解説

　旧法では、引渡し前の滅失等の場合には買主の売主に対する代金支払債務は消滅しましたが、新法では、買主は代金の支払いを拒むことができるようになりました。

　売主に対して、「本件検収の完了まで」に滅失等が生じた場合には代金の支払請求ができないことを明確に認識させるためにも、代金支払義務の履行を拒絶できる旨を明記しておくことが望ましいでしょう。

ポイント③

解除原因に「売主の帰責事由によらずその債務が履行不能となったとき」が規定されていることを確認しましょう。

ポイント解説

　旧法では、引渡し前の滅失等の場合には買主の売主に対する代金支払債務は消滅しましたが、新法では、買主は代金の支払いを拒むことができるだけで、買主の売主に対する代金支払債務自体が消滅するわけではありません。

　そのため、買主の売主に対する代金支払債務を消滅させるためには、契約を解除しなければなりません。新法の規定に従えば、履行不能の場合には、売主に帰責性がなくても契約を解除することができますが（新

法542条)、契約書にそれとは異なる規定が設けられていた場合には解除の要件が修正されていると解釈され、解除できない可能性があります。また、契約書に明記することによって、解除の効力をめぐる無用な紛争を回避することもできます。そのため、売主の帰責性がない履行不能の場合であっても解除できる規定が設けられているか、確認しておく必要があります（具体的な規定の仕方については、105頁の解除条項参照）。

チェックリスト

☐ 「引渡し前に」ではなく、「本件検収の完了前に」と規定されていますか?

☐ 代金支払義務の履行を拒絶できることが明記されていますか?

☐ 解除原因に「売主の帰責事由によらずその債務が履行不能となったとき」が規定されていますか?

4 引渡し

（重要度：**中**、改正対応：**無**）

～修正後のサンプル条項～

第4条（引渡し）

1．売主は、買主に対して、個別契約に定める納入期日に、個別契約で定める納入場所において、個別契約に定める目的物（以下「本件物品」という。）及び所定の納品書を引き渡す。

2．売主が、前項に従って本件物品を引き渡したときは、買主は、両当事者間で別途定める基準及び方法によって、遅滞なく受入検査を完了させ、その結果を売主に通知する。

3．前項の受入検査に合格した時点で、本件物品に関する検収（以下「本件検収」という。）が完了するものとする。

4．第2項の受入検査の結果、不合格品が生じた場合には、売主は、買主の要求に従い、売主の費用負担において、第9条第1項第1号に定める履行の追完代替品を買主に納入するか又は当該不合格品の代金を減額するものとし、また、前三項により、買主が損害を被った場合には、買主は、売主に対し、その損害賠償請求をすることができるものとする。

---

01 検査基準の内容はどうすればいいの？

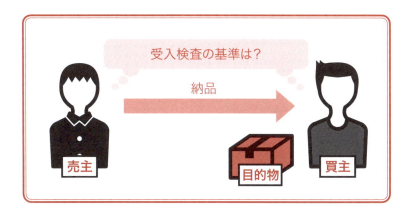

ポイント

検査基準は、できるだけ具体的かつ明確にしましょう。

ポイント解説

　買主は、商法に基づき、売買の目的物を受領後遅滞なく検査する義務を負います（新・旧商法526条1項）。検査は、目的物の内容が契約に適合しているかを確認するために必要となるものですし、担保責任の適用の有無等といった重要な点に影響があり得るため、**後のトラブルを防ぐために、いずれの当事者にとっても検査の基準は具体的かつ明確にしておく**ことが有用です。

　基本契約の締結時点において、すでに個別契約に添付される仕様書等の内容が合意されている場合には、サンプル条項4条2項の「両当事者間で別途定める基準及び方法」を「仕様書に定める基準及び方法」等とし、基本契約で検査基準を明らかにすることも考えられます。

02 受入検査の時期等はどうしたらいいの?

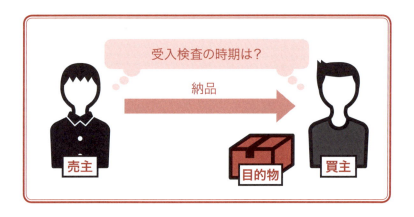

ポイント

検査期間として十分な期間が確保されているか確認しましょう。

ポイント解説

前述のとおり買主は、売買の目的物を受領後遅滞なく検査する義務を負いますが（新・旧商法526条1項）、検査の具体的な期限等についての規定はありません。そこで、**買主としては、十分な検査期間が確保されるように交渉する**必要があります。

なお、検査により、売買の目的物が種類、品質または数量に関して契約の内容に適合しないことを発見したときは、直ちに売主に対してその旨の通知を発しなければ、その不適合を理由とする責任を追及することができません（新・旧商法526条2項）が、この点については、担保責任の条項で詳述しています。

03 受入検査に合格・不合格の場合はどうなるの？

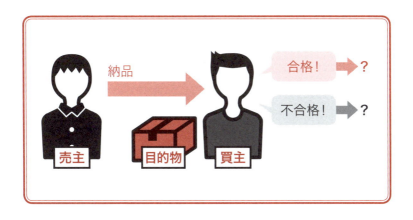

ポイント

受入検査の合格・不合格による法的効果を具体的に規定しましょう。

ポイント解説

　受入検査の合格・不合格や検収につき、民法や商法において、当然にその法的効果が規定されているものではありません。そのため、受入検査の合格による効果または受入検査を合格しなかった場合の効果については、契約書において明確にしておくことが望ましいです。

　具体的には、受入検査の合格すなわち検収をもって所有権や危険負担の移転を認めたり、売買代金の支払いの条件としたりすることが考えられます。また、サンプル条項のように、受入検査に合格しなかった場合には、売主の責任と費用負担において、履行の追完（具体的には、本件物品の修補、代替物の引渡し、不足分の引渡しをいいます。前述の担保

責任の条項を参照。）を行うこと又は代金の減額を行うことを定めることが考えられます。

　なお、サンプル条項では、買主は、「代替品の納入」か「代金減額」を要求できるとされていますが、担保責任の見直しに伴い、履行の追完に係る規定が設けられたため、本条においても合わせて修正することが望ましいと考えられます。

チェックリスト

- ☐ 検査基準は、具体的かつ明確になっていますか?
- ☐ 検査期間として十分な期間が確保されていますか?
- ☐ 受入検査の合格・不合格による法的効果は具体的に規定されていますか?

5 所有権

（重要度：**中**、改正対応：**無**）

〜修正後のサンプル条項〜

> **第5条（所有権）**
> 本件物品の所有権は、本件検収の完了時に、売主から買主に移転する。

※買主として、変更すべき点はありません。

01 所有権の条項ではどのようなことに気を付ければいいの?

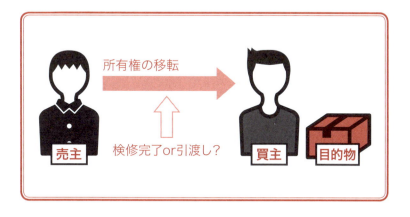

ポイント

所有権の移転時期が、適切な時期（検査完了時等） となっているか確認しましょう。

ポイント解説

　所有権の移転時期について**契約書で定めた場合には、その定めに従って所有権は移転**することになります。

　買主としては、一般論として、**できる限り早い時期に所有権の移転**を受けた方が有利であり、そのため、所有権の移転時期は**引渡時又は検収完了時**などと定められることが多いといえます。もっとも、所有権の移転時期と危険負担の条項における危険の移転時期が同一の時期となっていることが実務上多く存在します。その場合には、例えば、所有権の移転時期を検査完了時から引渡時に早めた場合に、危険の移転時期も引渡

時に早めてしまっていないかも確認しましょう[17]。

17.所有権の移転時期と危険負担の移転時期を必ずしも同一の時期とする必然性はありません。もっとも、買主としては、検査が完了していない本件物品の所有権を先に移転させる必要性もなく、結局、両者とも検査の完了時期とすることが実務上多いと思われます。

チェックリスト

☐ **所有権の移転時期が、適切な時期（検査完了時等）となっているか確認しましたか?**

6 代金の支払い

（重要度：**低**、改正対応：**無**）

～修正後のサンプル条項～

第8条（代金の支払い）

　買主は、売主に対して、個別契約に定める支払条件に従い、個別契約に定める支払期日までに、本件物品の代金として個別契約に定める金額を別途売主が指定する銀行口座に振込送金する方法により支払う。ただし、振込手数料は買主の負担とする。

※買主側として、大きく変更すべき点はありません[18]。

18.但し、代金を前払する事案や、売主側の信用能力に不安がある事案等においては、買主としては①売主に対し有する金銭債権について、その弁済期を問わず、代金債権と相殺可能とする条項や、②所有権の移転時期を早める（契約時等とする）条項、③売主側の連帯保証人の設定等の代金の支払いを担保するための措置を要求することも考えられます。

01 代金の支払いの条項ではどのようなことに気を付ければいいの?

ポイント

後に個別契約で規定されることになる支払期限等の支払条件が、自社内の経理部門等の担当部門において対応可能な条件となるように事前に調整をしましょう。また、個別契約ごとに支払条件が異ならないのであれば、これらの条件を基本契約に規定することも提案しましょう。

ポイント解説

　相手方から提案された契約書において、サンプル条項のように代金や支払期限等[19]の支払条件[20]について、個別契約で定めるとされている例があります。もっとも、かかる場合であっても、事前に口頭やメール等によって売主から支払条件等が事実上指定されていることもありますし、契約書をよく読むと別紙等に一定の条件が明記されていることもあります。こうした場合に、個別契約を締結する段階になって、売主が指

---

19. なお、代金の中には、目的物の包装費や輸送費等の売主が要する費用は含まれません（新法485条本文）。もっとも、売主が代金に当該費用を含める場合や、別途費用が請求されトラブルとなる例もありますので、契約上で明確にしておくことも重要です。

20. 本書の想定するような動産の売買契約の場合には、売主が目的物を先に引き渡し、後で買主が一定期間の末日を締め日として、当該期間の代金を支払う方式が実務上多く採用されています。仮に、当該方式が採用される場合には、買主としては、締め日の対象となる目的物は、（納品されたものではなく）検査に合格した目的物を対象とするよう提案するべきでしょう。

定する支払条件等について、**社内の経理上対応が不可能**であることが発覚し、調整に苦労する例があります。そこで、契約審査をする際には、**経理部門やその他の担当部門に確認し、仮に、対応が不可能であれば、自社内で対応可能な支払条件等となるよう、事前に売主側と調整**しましょう。

また、仮に、調整の結果、当該**支払条件等が個別契約ごとに異ならないのであれば**、後の事務処理上の負担を軽減する観点から、**基本契約に定める**ことを提案しましょう[21]。

21.新法477条において、預金口座を通じた振込みによる弁済の効力発生時期に関する規定が新設され、債権者が銀行等に対してその払込みに係る金額の払戻しを請求する権利（銀行から金銭の引出しをする権利）を取得したときに弁済の効力を生じる旨が規定されました。しかし、払込戻請求権の具体的な取得時期については、解釈に委ねられており（部会資料80－3・25頁）不明確な状態にあります。そのため、例えば、買主が、代金の振込手続をしたが、銀行の不手際や倒産によって売主の預金口座に口座記録がされない等の場合には、代金の支払いが認められないおそれがあります。そこで、買主側としては、本条の末尾に「なお、本条に基づく支払いは、買主が当該口座に振り込むために必要な手続を実施した時点で効力を生じる。」などと加筆することも考えられます。

チェックリスト

☐ 支払期日等の支払条件が、**自社内の経理部門等の担当部門との関係で対応可能な条件となるよう調整**はできていますか?

☐ 支払期日等の支払条件を**基本契約**で定めておく必要はありませんか?

売主編

　次に、本編では、買主側から契約書の提示を受けた売主側が、どのような観点から契約書を確認すればよいかを検討していきます。

> 　本書で紹介しているサンプル契約のように、特定の取引に共通して適用される条件を定めた契約を、"基本契約"といいます。
> 　他方、基本契約に基づき、注文書や注文請書等を通じてなされる目的物や代金等の合意を、"個人契約"といいます。

1 担保責任

（重要度：**高**、改正対応：**要**）

～修正後のサンプル条項～

第9条（~~瑕疵~~担保責任）

1．買主は、<u>本件物品がその種類、品質又は数量に関して本契約又は個別契約の内容に適合しない場合であって、かつその不適合が検査時に直ちに発見することができないものであるとき</u>は、売主に対し、本件検収の完了日から<u>6か月</u>~~2年~~以内に限り、~~目的物に隠れた瑕疵が存在したことにより買主が被った損害の賠償を請求~~<u>次の各号に定める権利のいずれかを行使</u>することができる。<u>ただし、第3号の権利は、重大な不適合が存在する場合に限って行使することができるものとする。</u>

　⑴<u>本件物品の修補、代替物の引渡し、不足分の引渡し（以下「履行の追完」と総称する。）。なお、売主は、売主の裁量により、買主の選択と異なる方法による履行の追完をすることができる。</u>

　⑵<u>契約不適合により買主が被った損害の賠償請求</u>

　⑶<u>本契約又は個別契約の解除</u>

2．<u>民法第563条</u>~~商法第526条~~は適用しないものとする。

---

01 なぜ担保責任に注意する必要があるの?

ポイント

本件物品に不具合がある場合には、**自らが法的責任を負う範囲が規定されている**からです。

ポイント解説

売主が、買主に引き渡した本件物品について、後に不具合が見つかることがあります。担保責任の条項は、このような場合に、買主が売主に対し責任を追及するための規定です。そのため、契約交渉においては、**売主側は、できるだけ責任追及がされないようにする必要があります。**

02 提示を受けた条文が「瑕疵」となっていた場合はどうすればいいの?

ポイント

「隠れた瑕疵」を「契約不適合」へ修正しましょう。

~修正後のサンプル条項の該当部分~

第9条（瑕疵担保責任）

1．買主は、<u>本件物品がその種類、品質又は数量に関して本契約又は個別契約の内容に適合しない場合</u>であって、かつその不適合が検査時に直ちに発見することができないものであるとき<u>は、</u>売主に対し、本件検収の完了日から6か月以内に限り、~~目的物に隠れた瑕疵が存在したことにより買主が被った損害の賠償を請求~~<u>次の各号に定める権利のいずれかを行使</u>することができる。（以下略）

ポイント解説

（1） 旧法の内容

旧法第570条は「売買の本件物品に隠れた瑕疵があったとき」に買主は損害賠償の請求及び契約の解除をすることができるとしています。

（2） 旧法の問題点

しかし、売買の本件物品に不具合があった場合に買主にどのような救済手段があるかについては、学説上争いがあり、また判例の立場も明らかではありませんでした。

（3）　新法の内容

　そこで、新法は、現代社会の取引の状況を踏まえ[22]、売主は、引き渡された本件物品が**種類、品質又は数量に関して契約の内容に適合しない場合**には、担保責任を負うこととしました（その場合の責任の詳細は、後述します。）。

　それにもかかわらず、新法の施行後も、契約書上の文言が**「隠れた瑕疵」**、**「瑕疵」**等となっている場合には、買主側・売主側いずれの場合であっても、新法が適用されるかどうかに疑義が生じてしまいます[23]。無用な紛争の発生を避けるため、前記修正後のサンプル条項のように修正するべきです。

---

22. 一問一答274頁

23. この点に関連して、一問一答は、「『瑕疵』という用語を用いると、本件物品に客観的にキズがあれば契約の内容と適合するかどうかにかかわらず売主が担保責任を負うとの誤解を招くおそれがある。そこで、新法では、『契約の内容に適合しない』との用語を用いて、端的に『瑕疵』の具体的な意味内容を表すこととしている。」（275頁）とも述べていることからしても、やはり、「瑕疵」という文言は、上記のとおり修正すべきでしょう。

03 文言が「契約不適合」となったことで注意すべきポイントは?

ポイント

本件物品の「種類」「品質」「数量」を契約書等で特定できるようにしましょう。

ポイント解説

担保責任は、「引き渡された本件物品が種類、品質又は数量に関して契約の内容に適合しないものであるとき」に発生することとなりました。

「売主」側は、本件物品について買主が購入後に不満をもった場合にも、それが**契約に適合していることを主張し、不当に担保責任の追及がされないように**「種類」「品質」「数量」を可能な限り具体的に特定しておくべきです。具体的には、次の方法が考えられます。

① **仕様書（第7条）**や**契約書の別紙**に、**本件物品の「種類」「品質」「数量」を詳細に規定すること**[24][25]。

② （全ての合意事項について契約締結時に書面上にまとめて記載するのが困難であれば、）**契約交渉時**に、買主との間で協議した内容をその都度買主との間で**議事録化しておくこと**や、**メール等に残すこと**等。

---

24. 後述するとおり第1条の契約目的の充実化をすることも有用です。

25. 仕様書や別紙は、作成が後回しになることが多いですが、上記のとおり、契約内容にも影響する事項ですので、可能な限り早い段階から必要な情報を整理し、作成しておくことが重要です。

> **04** 担保責任の内容についてはどのような点に注意すればいいの?

1　担保責任

なるべく担保責任が追及できないように

なるべく担保責任が追及できるように

売主

担保責任の具体的内容は?

買主

ポイント

新法に照らして、**なるべく担保責任を追及されないように契約交渉**をしましょう。

ポイント解説

（1）　新法の原則ルール

　旧法においては、物の瑕疵については、損害賠償請求と解除が、権利の瑕疵[26]についてはそれに加え代金減額請求が定められていましたが、新法においては、いずれの場合も（契約不適合の場合は）、①履行の追完（具体的には、(ⅰ)目的物の修補、(ⅱ)代替物の引渡し、(ⅲ)不足分の引渡

---

26. 具体的には、売買の目的である権利の一部が他人に属する場合（旧法563条1項）等でした。

し）の請求（新法562条１項）、②代金減額請求（新法563条、但し、原則として事前の催告が必要です。）③損害賠償請求、④解除という幅広い手段が認められました。

　また、追及可能期間につき、新法は、目的物が「種類」又は「品質」に関して契約の内容に適合しない場合には、原則として１年以内にその旨の通知をしなければならず、他方、目的物が「数量」に関して契約の内容に適合しない場合については、期間制限を設けていません（新法566条本文）[27]。

　なお、これらの手段のうち、①②④は、契約の不適合が買主の責めに帰すべき事由によるものであるときは行使できません[28]。また、③については、契約の不適合が売主の責めに帰することができない事由による場合には、行使できません[29]。

～修正後のサンプル条項の該当部分～

（新民法に則った手段を規定する例）

第９条（瑕疵担保責任）

１．（略）

(1)本件物品の修補、代替物の引渡し、不足分の引渡し（以下「履行の追完」と総称する。）。（略）

(2)契約不適合により買主が被った損害の賠償請求

---

[27].その理由としては、数量が不足していたことは外見上明らかであることが多く、また、目的物に担保物権や用益物権が付着していた場合なども登記等が対抗要件とされていて、その判別は比較的容易であるといえるからとされています（一問一答284頁）。

[28].①について新法562条2項、②について新法563条3項、④について新法543条に基づきます。

[29].新法415条1項但書に基づきます。

(3)本契約又は個別契約の解除

２．民法563条商法第526条は適用しないものとする。

(2)　新法の原則ルールに照らした検討事項

売主側検討事項
・追及方法の選択肢の限定
・追及方法の制限
・追及方法の選択権
・追及可能期間の縮小

①　追及方法の選択肢の限定

　売主側としては、前述のとおり、なるべく担保責任の追及ができないように契約交渉をすることになります。例えば、売主側として「仮に契約不適合があった場合でも、履行の追完を行うので、代金は減額せずに全額支払って欲しい。」という場合には、追及方法の選択肢から代金の減額請求を除外することが考えられます。

（追及方法から代金の減額請求を除外するための文言例）

第９条（担保責任）

（略）

２．民法第563条商法第526条は適用しないものとする。

②　追及方法の限定

　買主に引き渡した目的物に契約不適合がある場合には、買主は、契約の解除をすることができます。新法においては、軽微な違反に対する解除はできないことが明記されましたが、軽微かどうかを問わず売主側と

して解除がされてしまうと困る場合は、例えば重大な不適合の場合に限るなどして、解除ができる場合を更に制限するよう契約交渉をすることが考えられます。

（解除ができる場合を制限するための文言例）

第９条（担保責任）

１．買主は、本件物品がその種類、品質又は数量に関して本契約又は個別契約の内容に適合しない場合であって、かつその不適合が検査時に直ちに発見することができないものであるときは、売主に対し、本件検収の完了日から６か月以内に限り、次の各号に定める権利のいずれかを行使することができる。ただし、第３号の権利は、重大な不適合が存在する場合に限って行使することができるものとする。

(1)・(2)（略）

(3)本契約又は個別契約の解除

（以下略）

---

③　追及方法の選択権

　新法562条１項但書は、売主は、買主に不相当な負担を課するものでないときは、買主が請求した方法と異なる方法による履行の追完をすることができるとしています。これは、例えば、買主は代替物の引渡しを選択したが、修補は容易で費用も低廉であり、買主にも特段の不利益はないことがあり得るからだとされています[30]。

　売主としては、かかる選択権があることを契約書上も明らかにしておくことは有用といえます。例えば、次の規定になります。

---

30. 一問一答276頁

（売主側に履行の追完方法について選択権を与える例）

第9条（担保責任）

1．買主は、本件物品がその種類、品質又は数量に関して本契約又は個別契約の内容に適合しない場合であって、かつその不適合が検査時に直ちに発見することができないものであるときは、売主に対し、本件検収の完了日から6か月以内に限り、次の各号に定める権利のいずれかを行使することができる。（略）

(1)本件物品の修補、代替物の引渡し、不足分の引渡し（以下「履行の追完」と総称する。）。なお、売主は、売主の裁量により、買主の選択と異なる方法による履行の追完をすることができる。

（以下略）

---

④　追及可能期間の短縮・拡大

　前述の通り、①履行の追完、②代金減額請求（563条）、③損害賠償請求、④解除について、買主は、原則として、契約不適合を知ったときから1年以内に行使しなければならないとされています（新法566条本文）。そこで、売主側としては、追及可能期間について、新法で定められた期間より短くなるよう契約交渉をすることが考えられます。

（責任追及可能期間をより短期にする例）

第9条（担保責任）

1．買主は、本件物品がその種類、品質又は数量に関して本契約又は個別契約の内容に適合しない場合であって、かつその不適合が検査時に直ちに発見することができないものであるときは、売主に対し、本件検収の完了日から6か月 2年以内に限り、次の各号に定める権利のいずれかを行使することができる。（以下略）

---

05 商法との関係で注意する点はありますか？

ポイント

商法526条に則った規定になる（なるべく担保責任を追及されない）ように契約交渉をしましょう。

ポイント解説

　新・旧商法526条は、担保責任の特則（例外的なルール）を定めており、商人間の売買においては[31]、買主が、①その売買の目的物を受領した際に、遅滞なくその目的物を検査の上、契約内容の不適合を発見した

---

[31] 新・旧商法は、原則として、「自己の名をもって商行為をすることを業とする者」（商法4条1項）を「商人」としていますが、何が「商行為」に該当するかは、商法501条又は502条に定める行為に該当するかで判断されます。
また、「会社がその事業としてする行為及びその事業のためにする行為は、商行為とする。」とされており（会社法5条）、故に、会社は、「自己の名をもって商行為をすることを業とする者」（商法4条1項）として、商人に該当すると考えられています（最判平成20年2月22日民集62巻2号576頁も同様の判断をしています。）。

にもかかわらず直ちに売主に対しその旨通知しなかった場合、②契約不適合が直ちに発見できないものであるが、目的物の受領から6か月以内に契約不適合を発見したにもかかわらず直ちに売主に対しその旨通知しなかった場合には、前述の履行の追完の請求、代金の減額の請求、損害賠償の請求及び解除をすることができないとしています（同条1項及び2項）。但し、買主が売買の目的物について契約不適合があることを知っていた場合には、当該規定の適用はありません（同条3項）。

　そのため、売主としては、なるべく担保責任を追及することを防止できるように、商法526条の適用を排除する規定は削除するよう契約交渉をすることになります。

　また、仮に、商法526条の適用を排除する規定が削除できない場合でも、可能な限り、商法526条の規定に近い（担保責任が追及されにくい）規定となるよう契約交渉をすべきでしょう。例えば、①担保責任の期間を目的物の受領や検査完了時から6か月以内とすることや[32]、②担保責任の追及ができる契約不適合責任の範囲を検査時に直ちに発見することができないものに限定すること等が考えられます。

（商法526条の適用排除の規定を排除しつつ、契約不適合の範囲を検査時に直ちに発見できなかったものに限定する例）

第9条（担保責任）

1．買主は、本件物品がその種類、品質又は数量に関して本契約又は個別契約の内容に適合しない場合であって、かつその不適合が検査時に直ちに発見することができないものであるときは、売主に対し、

32.かかる場合の条項例は、前述の（責任追及可能期間をより短期にする例）と同様です。

本件検収の完了日から6か月以内に限り、次の各号に定める権利のいずれかを行使することができる。（略）

チェックリスト

- [ ] 「隠れた瑕疵」から「契約不適合」への修正ができていますか?

- [ ] 「不適合」の対象となる「種類」「品質」「数量」が特定できていますか?

- [ ] 担保責任の内容が、短期間、限定された範囲で責任追及されるような規定になっていますか?

- [ ] 商法526条の規定に即した規定となっていますか?

2 損害賠償責任

（重要度：**高**、改正対応：**要**）

〜修正後のサンプル条項〜

第13条（損害賠償責任）

　当事者は、相手方が本契約又は個別契約に違反したことにより損害を被ったときは、自己が被った損害の賠償を相手方に請求することができる。ただし、損害賠償の総額は、本契約に基づき締結した各個別契約に定める注文合計金額を限度とする。

---

01 なぜ損害賠償について契約書で定める必要があるの?

ポイント

買主が買主側の原因で契約どおりの履行をしない場合には、**売主としては、買主に対して損害賠償を求めやすくする必要がある**からです。

ポイント解説

買主が、売主に対して本件物品の代金を支払わないなど、契約どおりの履行をしないことがあります。売主にとって、損害賠償責任の条項は、このような場合に、**買主に対し責任を追及するための規定**です（ただし、売主が本件物品の引渡しを遅延するなどの債務の不履行をした場合には、反対に、損害賠償責任の条項に基づいて買主が売主に対して責任を追及することとなります。）。

02 なぜ損害賠償金の額の上限を定める必要があるの?

ポイント

売主が契約通りの債務を履行できなかったときに、**買主から求められる損害賠償額が多額になってしまうのを防ぐ**ためです。

ポイント解説

　売主の債務不履行としては、買主に対して本件物品を引き渡さないといったものに限られません。例えば、本件物品の納入の際に買主の設備を傷つけてしまったということも、「本件物品納入の際に買主の建物を傷つけない」という売買契約に付随する義務を履行できなかったものとして、債務不履行となってしまいます。

　このように、売主は、本件物品の引き渡しが予定どおりにできないことにより買主に損害を与えてしまうほか、本件物品を引き渡すという債務以外にもそれに付随する義務を負っており、その義務を履行できないことにより買主に損害を与えてしまうおそれがあるため、債務不履行による損害賠償金の額が多額になってしまう可能性があります。そこで、損害賠償の額を、例えば、「注文合計金額を限度」とする、というように上限を設けておくことで、損害賠償の額が多額になってしまうのを防止することが肝要です[33]。

33.このような規定に対しては、買主側からは、「前項は、損害賠償義務者の故意又は重大な過失に基づく場合には適用しない。」という追記を求められることが考えられます。

その他の方法としては、①損害賠償責任を負う場合を「故意または重大な過失に基づく」場合に限定して規定する方法、②損害について「（合理的範囲における弁護士費用も含むが、特別損害は含まない。）」と規定する方法、③「（直接かつ現実に生じた損害に限る。）」とする方法等もあります。

　なお、②に関連して、特別損害の判断について、旧法では、条文上、「予見することができた」か否かで判断すると規定されていましたが、新法では、特別損害の判断は、「予見すべきであった」か否かという規範的な評価により行われることが明確に定められました（同法416条2項）[34]。契約の交渉においては、「予見すべきであったとき」という規範的な評価において有利となるよう、契約当事者間で、目的や範囲の規定において、契約当事者の意図を明示しておくことが大切になります。

---

34. 一問一答77頁

チェックリスト

☐ 損害賠償責任の規定を定めましょう。

☐ 損害賠償額の上限を定めましたか?

3　危険負担

（重要度：**中**、改正対応：**要**）

~修正後のサンプル条項~

第6条（危険負担）

　本件物品について、~~本件検収が完了する~~引渡し前に滅失、損傷その他の損害（以下「滅失等」という。）が生じた場合には、当該滅失等は、それが買主の責めに帰すべき事由によって生じたときを除き、売主の負担とする。ただし、第11条に定める場合には、同条に定めるところによる。

---

01 なぜ危険負担について契約書で定める必要があるの?

ポイント

売買の目的物を買主に引き渡した後に当該目的物が滅失等した場合には、**買主に対して代金の支払いを請求できるようにする必要がある**からです。

ポイント解説

（1） 旧法の内容

　当事者双方に責任のない事由により、既に特定された売買の目的物が滅失等した場合において、売主から代金の支払いを請求された買主は、代金を支払わなくてはならないというのが原則でした（旧法534条、535条1項及び2項・債権者主義）。

(2) 旧法の問題点

　例えば、中古建物の売買契約の締結直後に、その建物が地震によって滅失してしまった場合に、まだ一度もその建物に住んだことがない買主であっても、売主に対して代金全額を支払わなくてはならないなど、旧法には**買主のリスクが大きすぎる**という問題点がありました[35]。また、**どの時点まで売主が滅失等について責任を負い、どの時点から買主が滅失等について責任を負うのかが明文化されていない**という問題点もありました。

(3) 新法の内容

　そこで、新法では、当事者双方に責任のない事由により、引渡し前に売買の目的物が滅失等した場合において、売主から代金の支払いを請求された買主は、代金の支払いを拒めることとなり（新法536条1項・債務者主義）[36]、買主のリスクが低減されるとともに、危険の移転時期も明記されることとなりました（新法567条1項）[37]。

---

[35].一問一答227頁

[36].この履行拒絶の結果、債権者は、反対給付債務の履行期を徒過しても、遅延損害金の支払い義務を負わないことになります（一問一答・228頁）。

[37].債務者（売主）の責めに帰すべき事由により、債務（目的物引渡債務）が履行不能となった場合の処理について、立案担当者は、危険負担の問題ではないとしています。すなわち、債務者（売主）が負っていた債務（目的物引渡債務）は塡補賠償債務に転嫁し、債権者（買主）の反対債務（代金支払債務）とは、同時履行に立ち、債権者（売主）は同時履行の抗弁権（弁済期が異なれば不安の抗弁権）により、代金の支払いを拒絶できると解しています（部会資料79-3.17頁、第91回部会議事録18、26頁）。
これに対しては、このような場合も危険負担の問題と解し、債権者（売主）に履行拒絶権を認める見解も主張されています（重要論点255頁）。

第2編　売主編

02 危険負担について、どんなことに気を付ければいいの?

ポイント

「本件検収が完了する前に」ではなく、「引渡し前に」と規定しましょう[38]。

ポイント解説

　新法では、売主が売買の目的物の滅失等のリスクを負うのは、引渡し前までと規定されています（新法567条1項）。しかし、買主側が作成した契約書では、危険の移転時期が引渡しよりも後ろ倒しにされていることがよく見られるところです（例えば、「本件検収の完了まで」などです。）。

　買主に売買の目的物を引き渡した後は、売買の目的物の支配は買主に移り、売主は基本的に滅失等を防止するための管理等に関与できなくなりますので、引渡し後も滅失等のリスクを負担し続けるべきではありません。

　契約交渉においては、上記の内容や民法どおりに規定すべきことなどを主張して、「引渡し前に」と修正するようにしましょう。

38.契約書によっては、何をもって「引渡し」とするかが個別に定義されている場合があります。その際、「本件検収の完了をもって引き渡されたものとする」など、検収の完了をもって引渡しとする旨の規定がある場合には、「引渡し前に」と修正しても効果が変わりません。この場合には、検収のための納品等のタイミングで危険が移転するよう文言を工夫する必要があります。

また、新法では、引渡し前に滅失等した場合には買主は代金の支払いを拒めることが規定されているにとどまりますので、例えば転売利益や逸失利益の補填請求権など、新法で定められた権利以上の権利が買主に認められる内容となっていないか、確認するようにしましょう[39]。

39.引渡し前の滅失等の事情が伝わらないまま、買主が代金を支払ってしまうことも考えられます。この場合には、新法においても買主から売主に対して不当利得返還請求（民法703条）ができるというのが立案担当者の見解であり（一問一答228頁）、支払われてしまった代金を返還する旨の規定は、買主に新法の内容以上の権利を与えるものではありません。

第2編　売主編

チェックリスト

☐ 「本件検収が完了する前に」ではなく、「引渡し前に」と規定されていますか?

☐ 引渡し前の滅失の場合に、代金の支払い請求を拒めること以上に、買主に権利を与える内容となっていませんか?

4　引渡し

（重要度：**中**、改正対応：**無**）

~修正後のサンプル条項~

第4条（引渡し）

1．売主は、買主に対して、個別契約に定める納入期日に、個別契約で定める納入場所において、個別契約に定める目的物（以下「本件物品」という。）及び所定の納品書を引き渡す。

2．売主が、前項に従って本件物品を引き渡したときは、買主は、両当事者間で別途定める基準及び方法によって、本件物品の引渡し後●営業日以内に遅滞なく受入検査を完了させ、その結果を売主に通知する。本件物品の引渡し後●営業日以内に当該通知が売主に到着しない場合には、当該本件物品は、受入検査に合格したものみなす。

3．前項の受入検査に合格した時点で、本件物品に関する検収（以下「本件検収」という。）が完了するものとする。

4．第2項の受入検査の結果、不合格品が生じた場合には、売主は、買主の要求に従い、売主の費用負担において第9条第1項第1号に定める履行の追完代替品を買主に納入するか又は当該不合格品の代金を減額するものとし（この場合には、民法562条1項ただし書を準用する。）、また、前三項により、買主が損害を被った場合には、買主は、売主に対し、その損害賠償請求をすることができるものとする。ただし、不合格品が買主の責めに帰すべき事由により生じた場合は、この限りでない。

---

01 検査基準の内容はどうすればいいの？

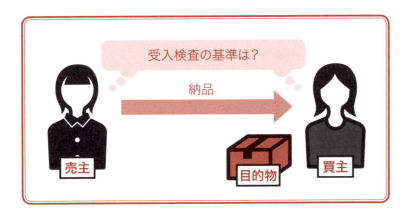

ポイント

検査基準は、できるだけ具体的かつ明確にしましょう。

ポイント解説

　買主は、商法に基づき、売買の目的物を受領後遅滞なく検査する義務を負います（新・旧商法526条1項）。検査は、目的物の内容が契約に適合しているか、を確認するために必要となるものですし、（瑕疵）担保責任の適用の有無等といった重要な点に影響があり得るため、**後のトラブルを防ぐために、いずれの当事者にとっても検査の基準は具体的かつ明確にしておく**ことが有用です。

　基本契約の締結時点において、すでに個別契約に添付される仕様書等の内容が合意されている場合には、サンプル4条2項の「両当事者間で別途定める基準及び方法」を「仕様書に定める基準及び方法」等と修正し、基本契約で検査基準を明らかにすることも考えられます。

02 受入検査の時期等はどうしたらいいの?

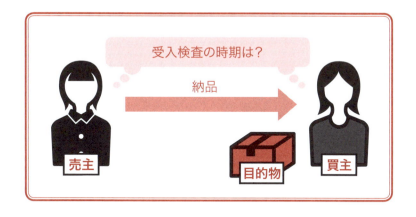

ポイント

検査の時期を具体的に特定したうえで、みなし合格規定を入れましょう。

ポイント解説

　前述のとおり、買主は、売買の目的物を受領後遅滞なく検査する義務を負いますが（新・旧商法526条1項）、検査の具体的な期限等についての規定はありません。そこで、売主としては、「本件物品の引渡し後＿営業日以内に受入検査を完了させ、…」などと具体的な期限を設けて、検査後の本件物品について、修補請求等がなされうる不安定な地位の長期化を防止することが考えられます。

　さらに売主としては、買主が上記の期間内に検査完了の通知をせず、不安定な状態が続くことを防ぐために、期間内に検査完了の通知がない場合には、検査に合格したものとみなすといった内容の規定を入れるべ

きです。

なお、検査により、売買の目的物が種類、品質または数量に関して契約の内容に適合しないことを発見したときは、直ちに売主に対してその旨の通知を発しなければ、その不適合を理由とする責任を追及することができません（商法526条2項）が、この点については、担保責任の条項で詳述しています。

03 受入検査に合格・不合格の場合はどうなるの?

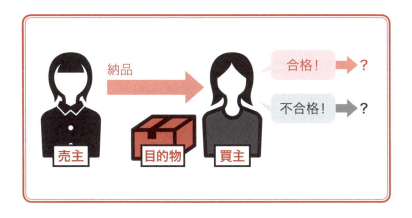

ポイント

受入検査の合格・不合格による法的効果を具体的に明記しましょう。

ポイント解説

　受入検査の合格・不合格や検収につき、民法や商法において、当然にその法的効果が規定されているものではありません。そのため、受入検査の合格による効果または受入検査を合格しなかった場合の効果については、契約書において明確にしておくことが望ましいです。

　具体的には、受入検査の合格すなわち検収をもって所有権や危険負担の移転を認めたり、売買代金の支払いの条件としたりすることが考えられます。また、サンプル条項のように、受入検査に合格しなかった場合には、売主の責任と費用負担において、履行の追完（具体的には、本件物品の修補、代替物の引渡し、不足分の引渡しをいいます。前述の担保

責任の条項を参照。）を行うこと又は代金の減額を行うことを定めることが考えられます。

なお、サンプル条項では、買主は、「代替品の納入」か「代金減額」を要求できるとされていますが、担保責任の見直しに伴い、履行の追完に係る規定が設けられたため、本条において合わせて修正することも検討に値すると考えられます。この場合には、買主が請求した方法と異なる方法を採る余地を残しておくため、たとえば、「この場合には、民法562条1項ただし書を準用する。」と定めることが望ましいと考えられます。

さらに、売主としては、買主の責めに帰すべき事由に基づき不合格品が発生した場合にまで責任を負うことになっていないか確認する必要があります。

チェックリスト

☐ 検査基準は、具体的かつ明確になっていますか?

☐ 検査時期は具体化されていますか?また、みなし合格規定はありますか?

☐ 受入検査の合格又は不合格による法的効果は具体的に規定されていますか?

5 所有権

（重要度：**中**、改正対応：**無**）

～修正後のサンプル条項～

第5条（所有権）

　本件物品の所有権は、本件検収の完了時に、売主から買主に移転する。

※売主側として、変更すべき点は、原則としてはありません。もっとも、買主側の信用状態に懸念すべき点がある場合には、後述するように所有権の移転時期を代金支払時とすることも検討するべきです。

01 所有権の条項ではどのようなことに気を付ければいいの？

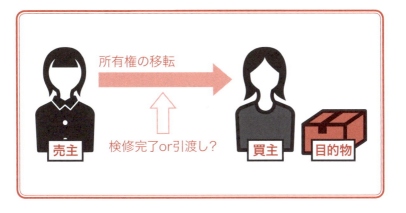

ポイント

買主側の信用状態に懸念すべき点がある場合には、所有権の移転時期を代金支払完了時とすることや、その他代金相当額の支払いが担保されるための措置を講じましょう。

ポイント解説

　所有権の移転時期について**契約書で定めた場合には、その定めに従って所有権は移転**することになります。この点に関連して、実務上は、検収完了時又は引渡し時に所有権が移転する例が多いように思われます。

　もっとも、買主の信用状態に懸念すべき点がある場合には、売主としては、所有権の移転時期を代金の支払完了時と修正するよう提案することが考えられます（所有権留保特約）。所有権留保特約を定めておくこ

とで、買主に対し代金の支払いを促すことができ、また、仮に、買主が代金を支払わない場合には、所有権を留保している売買目的物を引き上げることができます。

但し、当該所有権留保特約は、必ずしも実効性のある手段ではないため[40]、その他の担保措置[41]も併せて検討するべきです。

---

[40].例えば、所有権留保の対象となる売買目的物が第三者に転売された場合には、第三者は売買目的物を即時取得（新法192条）する可能性があります。その場合には、売主は、買主に対し、所有権留保の効力を主張できません。
　また、買主が、法的倒産手続に入った場合に、所有権留保の効力を主張できるかについても、争いがあります（民事再生手続の事案において、契約書上に占有改定に関する記載がなかったこと、製品の転売が予定されていたこと、他の製品と分別されていなかったこと等から、占有改定（所有権留保の主張）を認めなかった事案として、東京高判平成23年6月7日D1-Law.com）。

[41].例えば、売買目的物の所有権が売主に留保されていることを公示する方法、集合動産譲渡担保権の設定等が考えられます。

チェックリスト

☐ **所有権の移転時期が、適切な時期（検査完了時等）となっているか確認しましたか?**

6 代金の支払い

（重要度：**低**、改正対応：**要**）

～修正後のサンプル条項～

第8条（代金の支払い）

1. 買主は、売主に対して、個別契約に定める支払条件に従い、個別契約に定める支払期日までに、本件物品の代金として個別契約に定める代金[42]を別途売主が指定する銀行口座に振込送金する方法により支払う。ただし、振込手数料は買主の負担とする。

2. 買主は、前項に定める本件物品の代金の支払いを怠ったときは、売主に対し、支払期日の翌日から支払いが完了するまで年利14.6%の割合（年365日の日割計算）による遅延損害金を支払うものとする。

---

[42].代金算定の基礎となった事情が変動した場合に、代金額について当事者間で再協議する旨を定める場合もあります（但し、当事者の義務としては協議を行うことまでに限られ、その後に代金額の変更を行う義務まで負うものではありません）。これは、事情変更の原則（契約締結後に、契約の基礎となった事情に変更があり、その変更が当事者にとって予見することができず、かつ、当事者の責めに帰することのできない事由によって生じたものである際に、契約の解除や再交渉義務等の効果が生じるとする原則です。）に鑑みた条文になります。新法制定時においても、同原則の明文化が検討されましたが、結局、見送られました（部会資料82-2・9頁）。

01 代金の支払いの条項ではどのようなことに気を付ければいいの?

ポイント

後に個別契約で規定されることになる支払期限等の支払条件が、買主の経理部門等の担当部門において対応可能な条件か確認をしておきましょう。また、個別契約ごとに支払条件が異ならないのであれば、これらの条件を基本契約に規定することも検討しましょう。

ポイント解説

　相手方から提案された契約書において、サンプル条項のように代金[43]や支払期限等の支払条件[44]について、個別契約で定めるとされている例があります。もっとも、かかる場合であっても、事前に口頭やメール等によって売主から支払条件等を事実上指定していることもありますし、契約書をよく読むと別紙等に一定の条件が明記されていることもあります。こうした場合に、個別契約を締結する段階で、売主が想定していた

---

[43].なお、代金の中には、目的物の包装費や輸送費等の売主が要する費用は含まれません（新法485条本文）ので、代金に当該費用を含めて上乗せしたい場合や、代金とは別に費用を請求したい場合には、契約上で明確にしておくことが重要です。

[44].なお、本書の想定するような動産の売買契約の場合、売主が目的物を先に引き渡し、後で買主が一定期間の末日を締め日として、当該期間の代金を支払う方式が実務上多く採用されています。仮に、当該方式が採用される場合には、売主としては、締め日の対象となる目的物をなるべく増加させるべく、対象となる目的物は納品した目的物とするよう提案することも考えられます。

支払条件等について、**買主の社内の経理上対応が不可能**であることが発覚し、調整を要する場合もあります。そこで、契約審査をする際には、自社内で想定している支払条件や支払方法について、**買主の社内で対応可能な支払条件等であるか、事前に確認しておくように**しましょう。

また、仮に、確認した結果、当該**支払条件等が個別契約ごとに異ならない**のであれば、後の事務処理上の負担を軽減する観点から、**基本契約に定める**ことも検討しましょう[45]。

45.新法477条において、預金口座を通じた振込みによる弁済の効力発生時期に関する規定が新設され、債権者が銀行等に対してその払込みに係る金額の払戻しを請求する権利（銀行から金銭の引出しをする権利）を取得したときに弁済の効力を生じる旨が規定されました。しかし、払込戻請求権の具体的な取得時期については、解釈に委ねられており（部会資料80－3・25頁）不明確な状態にあります。そのため、例えば、買主が、代金の振込手続をしたが、銀行の不手際や倒産によって売主の預金口座に口座記録がされない等の場合にも、買主側からは、代金の支払いを完了したと主張される可能性があります。そこで、売主側としては、口座記録がされた時点で代金の支払いの効力が発生したこととなるよう、修正後のサンプル条項1項の末尾に「なお、本条に基づく支払いは、売主指定口座への記録の時点で効力を生じる。」などと加筆することが考えられます。

02 なぜ遅延損害金の利率について規定する必要があるの?

ポイント

高い利率に設定することでペナルティ機能を強められ、**買主に対し代金の支払いを促す**ことができるからです。また、新法では法定利率が変動するため、**安定的なペナルティ機能を確保できないおそれ**があるからです。

ポイント解説

　代金債務の支払いを遅延した場合の遅延損害金については、後述する法定利率よりも高い利率[46]を合意により定めることが可能です（約定利率、新法419条1項但書）。現に、実務上は、法定利率よりも高い約定利率が定められていることが多く、これにより、**代金支払いの遅滞に対するペナルティの機能を強めることができ、買主の代金の支払いを促す**ことができます。

　また、このような約定利率を定めない場合には、民法で定められた利率（法定利率）が適用されることになりますが、新法404条3は、旧法

---

[46].約定利率については、過去の慣習や国税通則法60条などの各種法令にならい、年利14.6％とするケースが実務上多くみられます（当該利率は、365で割り切れるため、日割計算がし易い利点もあります）。約定利率は、年利14.6％より高額な利率を定めることが可能ですが、あまりに高額な利率は、公序良俗に反し、無効となる可能性があるので、留意が必要です。なお、仮に、遅延損害金を負担するのが消費者である場合には、年利14.6％を超える遅延損害金の利率については、消費者契約法9条2号により、超過部分が無効となります（本書は企業間の取引を想定しているため、消費者契約法の適用はありません。）。

における「年5分」の固定利率制を変更し、当初は利率を年3％[47]に引き下げるとともに、**3年ごとに、金利を見直す変動利率制**を導入しました[48]。また、遅延損害金の算定に当たっては債務者が遅滞の責任を負った最初の時点における法定利率を用いるとされています（新法419条1項）。そのため、約定利率によらず、法定利率が適用される場合には、遅滞の責任を負った時点がいつなのかによって遅延損害金の利率が異なることになり、ペナルティの機能を安定的に確保できないおそれがあります。

　したがって、法定利率によるのではなく**契約書において約定利率を定めることが望ましい**と考えられます。

47.新法404条2項

48.新法404条3項。さらに、旧法下においては、商行為によって生じた債務に関して、年6％の利率（旧商法514条商事法定利率）が設けられていましたが、今回の改正により削除され（民法の一部を改正する法の施行に伴う関係法律の整備等に関する法律3条、一問一答78頁）、上記の新法の定めに一本化されました。

チェックリスト

- [ ] 支払期日の支払条件が、**買主の経理部門等の担当部門との関係で対応可能な条件か確認**できていますか?

- [ ] 支払期日等の支払条件を**基本契約で定めておく**必要はありませんか?

- [ ] **遅延損害金の利率を定める必要はありませんか?または規定**がされていますか?

共通事項編

　本編では、売主・買主双方に共通する事項について、どのような観点から契約書を確認すればよいかを検討していきます。

1 譲渡制限特約

（重要度：**高**、改正対応：**要**）

～修正後のサンプル条項～

第14条（譲渡制限）

1．当事者は、あらかじめ相手方の書面による承諾を得ないかぎり、本契約又は個別契約に基づく契約上の地位並びに権利及び義務の全部又は一部を第三者に譲渡し若しくは引き受けさせ、又は担保に供してはならない。ただし、本契約又は個別契約に基づく権利については、あらかじめ、当該第三者に対して本項に定める譲渡制限特約の存在及び内容を書面により通知し、かつその書面の原本証明付写しを相手方に交付した場合は、この限りでない。

2．当事者が前項に違反した場合は、相手方は、直ちに本契約又は個別契約を解除することができる。

---

01 契約相手等を勝手に変えられないようにするには？

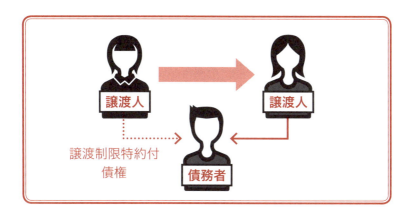

ポイント

事前通知義務を規定すること、無催告解除事由等のペナルティーを明記することが考えられます。

ポイント解説

（1）　本条の対象となる場面

　契約上の地位や権利義務の移転は、契約上の地位の譲渡、債権譲渡、債務の引受等の法律行為がされた場合に生じます。もし、契約の相手方が勝手に変更されてしまうと、①二重払いの危険や、②弁済の相手方の変更による事務手続きの煩雑化、③相殺の期待に対する侵害が生じます。また、契約が相手方の個性や資力、信用等に着目して締結されることからすると、そもそも当該契約を締結した目的を達成できない可能性も高まります[49]。

---

[49] 立案担当者も、弁済の相手方を固定することが譲渡制限特約を付する主目的としています（一問一答161頁）。

そのため、従来から、契約実務上、譲渡禁止又は制限条項が設定されることが一般的でした。

ところで、上記の法律行為のうち、新法において初めて明文化された契約上の地位の譲渡は、効力の発生につき相手方の承諾を要件としています（新法539条の2）。

また同じく明文化された債務引受のうち、債務の譲渡にあたる免責的債務引受についても、改正法は、債権者と引受人との間の契約により成立させる場合は債権者から債務者への通知、債務者と引受人との契約で成立する場合には債権者の承諾が必要とし、成立又は効果の発生のために債権者の関与を要件としています（新法472条2項、3項）。

そのため、いずれにしても、必ずしも契約書上で特段の手当てをする必要はないと考えられます[50]。

(2) 債権譲渡に対する対応

他方で、債権譲渡については、新法を踏まえ契約書の修正を検討する余地があります。

債権譲渡は、旧法時代から、原則譲渡人と譲受人の合意のみによって行うことができ（旧法466条1項）、これを制限するために譲渡禁止又は制限特約が設定されることが実務上一般的ですが、旧法では、譲渡禁止特約に違反する債権譲渡について、善意の第三者に対抗する場合を除き、無効であると解されてきました（旧法466条2項）。

しかし、債権譲渡を無効とすることは、企業等が自社の債権を譲渡して資金調達を行うことの妨げとなっているとの指摘がされていました[51]。そこで、新法は、債務者の承諾なしに譲渡制限特約つきの債権を

---

50. 但し、契約書に定めておくことで、かかる規律を確認する意義はあるでしょう。

51. 一問一答161頁

譲渡した場合でも、譲受人の主観を問わず当該債権譲渡は有効としました（新法466条2項）。また、債務者の保護は、譲渡制限特約について悪意又は善意重過失の譲受人や債権質権者に対して、①その履行請求を拒絶できること（強制執行等を受けないことが確保される）、②譲渡人に対する弁済等の債務消滅事由を対抗することができるとする抗弁権を認めることにより図ることとしています（新法466条3項）。

このため、債権者が譲渡制限特約に反して債権を譲渡した場合で、譲受人が善意無重過失であるとき、債務者は、突如現れた譲受人を避けて譲渡人に対して弁済をしたとしてもそれを譲受人に対抗することができません。実務上、未知の第三者の主観面は不明であると言わざるを得ないことの方が多いと考えられるため、債務者においては、譲渡人に弁済すれば足りるのか、見知らぬ第三者に弁済せざるを得ないのか判断が困難となり、時間とコストをかけて供託（新法466条の2）を行わざるを得なくなる可能性が旧法時よりも高まることが考えられます。

このようなリスクを避けるために、①譲受人を譲渡制限特約につき悪意にすべく、契約の相手方に対し、譲渡制限特約付債権の譲受人その他の第三者に譲渡制限特約の存在を事前に通知する義務を課し、当該通知を行った場合には譲渡制限特約違反を免責する旨の規定を設けること、②譲渡制限特約違反の譲渡等がなされた場合を無催告解除事由とすることや、無条件の取引停止事由とすること、違約金支払事由とすること等が考えられます。このうち、特に②については、あえて譲渡制限特約に違反する債権譲渡を有効とした改正法の趣旨に反することなどを理由に、債務者に特段の不利益がないにもかかわらず解除等を行うことが権利濫用等に該当するおそれ[52]があることに留意する必要があるものの、

52.債務者のこのような行動について「合理性に乏しい行動」との指摘があります（一問一答164頁）。また、そもそも、改正法の内容で譲渡制限特約により未知の第三者との取引を防止するとの債務者の期待の保護は十分であり、特段の事情のない限り、譲渡制限特約違反とはならない（すなわち、解除事由とならない）との指摘がある（一問一答165頁）ことにも留意する必要があります。

91

債権者へのけん制によって譲渡制限特約違反のリスクを事実上低減する効果が期待できることから、②のような規定とともに、金融機関等への譲渡や担保提供について例外として許容する規定を設けることも検討に値するものと考えられます[53]。

53.ただし、債権譲渡は、必ずしも資金調達目的で行われるとは限らず、取引の実態に応じて判断すべきとの指摘もあります。また、反社会的勢力に対する債権譲渡を禁止する譲渡制限特約を付した場合の様に、債務者が特約によって得る利益が単なる弁済先固定の利益に留まらない場合には、当該特約違反を理由に契約解除等の手段に出たとしても、権利濫用と評価すべきではないとの指摘もあります（重要論点81頁）。

チェックリスト

☐ 譲渡特約の**第三者への事前通知義務**を設定しましたか?

☐ **譲渡制限違反に対する罰則を設定しましたか**?

2　解除

（重要度：**中**、改正対応：**要**）

～修正後のサンプル条項～

第10条（契約の解除及び期限の利益の喪失）

1．当事者は、相手方が次の各号のいずれかに該当する場合には、<u>相手方の責めに帰すべき事由の有無にかかわらず、</u>何らの通知、催告を要することなく、直ちに、本契約又は個別契約の解除をすることができる。この解除は、当事者が相手方に対して損害の賠償を請求することを妨げない。また、相手方が自らに負担している債務は、何らの通知、催告を要することなく直ちに期限の利益を喪失する。

(1)　本契約又は個別契約に違反した<u>場合において、当事者が［7］日以上の期間を定めて相手方にその解消を催告したにもかかわらず、その期間内に解消されない</u>とき。

(2)　<u>債務の全部又は重要な一部の履行が不能であるとき。</u>

(3)　支払不能又は支払停止の状態に陥ったとき。

(4)　自ら振り出し若しくは引き受けた手形若しくは小切手の不渡り又は手形交換所若しくは電子債権記録機関による取引停止処分があったとき。

(5)　強制執行、仮差押え、仮処分、若しくは競売の申立て、又は公租公課滞納処分を受けたとき。

(6)　破産手続開始、再生手続開始、更生手続開始、特別清算手続開始の申立てを行ったとき若しくは申立てを受けたとき又は任意整理の表明を行ったとき。

(7)　監督官庁から営業の停止、許可の取消し等の処分を受けたとき。

(8)　解散、会社分割、事業譲渡又は合併の決議をしたとき[54]。

---

[54].本号を規定することは、自社が将来組織再編を行う際の障害になり得るので、その要否については、要検討です。

⑼　資産又は信用状態に重大な変化が生じ、本契約に基づく債務の
履行が困難になるおそれがあると認められるとき。

⑽　当事者間の信頼関係が著しく損なわれたとき。

⑾　前各号に準じる事由が発生したとき。

2．前項各号に掲げる事由の発生が、解除をしようとする当事者の責
めに帰すべき事由による場合には、当事者は、前項の規定による本
契約又は個別契約の解除をすることができない。

01 なぜ解除を契約書で定める必要があるの?

ポイント

債務の履行が得られない場合には、**契約を終了させることができるようにする必要がある**からです。

ポイント解説

　売主から本件物品を購入するため本契約を締結したものの売主が本件物品の引渡しをしない場合や、買主に本件物品を引き渡したものの買主が代金を支払わない場合には、他の取引先から購入する、買主から本件物品を取り返す等、何らかの措置を講じる必要がありますが、本契約が存続し、拘束を受けたままでは、これを行い難いということが起こり得ます。

　このような場合に、本契約を終了させるための手段として、解除があります。契約書に定めがない場合であっても、相手方が物品の引渡しや代金の支払等、債務の履行を行わないときには、民法の規定に従い契約

を解除することが多いと思われますが、民法の規定に基づく要件の充足に係る主張立証を要する等、契約の解除を望む当事者にとってこれでは不十分な場合があります。そこで、契約書に定めることにより、営業許可の取消しや手形の不渡りなど、債務不履行に至る可能性が高い場合や契約を継続し難い事由が発生した場合等にも解除することができるようになります。そのため、契約交渉においては、**債務の履行に不安がある場合にできるだけ契約の解除がし易いようにする**必要があります。

　一方で、解除の規定は双方の当事者に適用される点にも留意が必要です。すなわち、できるだけ契約の解除がし易いようにした結果、相手方が契約を解除してしまうおそれが高くなることとなるためです。そのため、契約を解除し易いことによるメリットよりも契約の解除がされた場合のデメリットの方が大きい場合には、自社のみが契約の解除をし易い形にするか、両社ともに契約の解除をしにくくするといった工夫をする必要があります。その場合には、この後に解説する解除に関する指摘についても、なるべく解除がされにくいように異なる結論を採用することも十分にあり得ます。

02 帰責事由について記載がない場合はどうしたらいい
の?

ポイント

**「相手方の責めに帰すべき事由の有無にかかわら
ず」との文言を挿入**しましょう。

~修正後のサンプル条項の該当部分~

第10条 (契約の解除)

　当事者は、相手方が次の各号のいずれかに該当する場合には、相手
方の責に帰すべき事由の有無にかかわらず、何らの通知、催告を要す
ることなく、直ちに、本契約又は個別契約の解除をすることができる。
この解除は、当事者が相手方に対して損害の賠償を請求することを妨
げない。

ポイント解説

(1)　旧法の内容

　履行不能による解除について定めた旧法第543条は「ただし、その債
務の不履行が債務者の責めに帰することができない事由によるものであ
るときは、この限りでない。」として、相手方に帰責事由のある場合に
限り解除を認めており、その他の債務不履行についても同様に解されて
いました。

(2)　旧法の問題点

　しかし、解除に帰責事由を要するとすると、例えば、クリスマス商品

について製作物供給契約を締結したものの、クリスマス前に債務者の工場が大規模な自然災害によって稼働停止した場合には、債権者は他の取引先からクリスマス商品を購入するなど代替措置を講じる必要があります。しかし、債務者の履行不能について帰責事由がないため、当初の製作物供給契約を解除することができず、債務者の稼働再開のタイミングによっては、稼働を再開した債務者に対しても代金を支払わなければならないことになりかねませんでした[55]。

(3) 新法の内容

そこで、新法は、債務不履行による解除制度を、債権者に対して契約の拘束力からの解放を認めるための制度であると捉え[56]、解除をするために帰責事由は不要とされました[57]。

このように、旧法と新法では、解除のための帰責事由の要否について結論を異にしているため、債務者の帰責事由の要否について規定しない場合には、その要否に疑義が生じてしまいます。

したがって、無用な紛争による時間とコストの発生を避けるため、前記修正後のサンプル条項のように修正する必要があります。

---

[55] 部会資料68A・25頁

[56] 一問一答234頁

[57] 但し、債務者側の事情が全く考慮されないわけではなく、催告解除の「相当の期間」の要件
解釈において斟酌され得るとの指摘も有ります（中間試案の補足説明136頁）

03 解除者の帰責事由による場合は?

ポイント

解除者の帰責事由による場合について規定しましょう。

～修正後のサンプル条項の該当部分～

第10条（契約の解除）

1．当事者は、相手方が次の各号のいずれかに該当する場合には、相手方の責に帰すべき事由の有無にかかわらず、何らの通知、催告を要することなく、直ちに、本契約又は個別契約の解除をすることができる。この解除は、当事者が相手方に対して損害の賠償を請求することを妨げない。(略)

2．前項各号に掲げる事由の発生が、解除をしようとする当事者の責めに帰すべき事由による場合には、当事者は、前項の規定による本契約又は個別契約の解除をすることができない。

ポイント解説

（1） 債権者に帰責事由がある場合

前述02のとおり、新法においては、債務不履行による解除のために債務者の帰責事由は必要ないこととされました。これを単純に適用すると、債務不履行が債権者の帰責事由による場合であっても、債権者は契約を解除することができることになりそうです。

しかし、これでは債権者は故意に債務の履行を妨害した上で、契約の拘束力を免れることが可能となるため、信義則及び公平の観点から妥当

でないことから、債務の不履行が債権者の責めに帰すべき事由によるものである場合には、契約の解除をできないことが定められました[58]。

このことを契約に定めず、かつ、契約の文言上は債権者の帰責事由の有無を問わずに解除ができるようにも読める場合には、新法の定めが適用され債権者に帰責事由があるときには解除することができなくなるのか、それとも契約に定めないことが新法の適用を排除するという趣旨の特約であり、債権者に帰責事由があっても解除することができることとする趣旨なのか、解釈に疑義が残ります。

そこで、このような疑義を解消し無用な紛争を防ぐべく、債権者に帰責事由がある場合の取扱いについて契約上明文で定めるようにしましょう。新法の定める原則どおりの規律とする場合には、サンプル条項のように債権者の責めに帰すべき事由による場合には解除することができない旨を定めましょう。

他方で、債権者の契約の拘束力からの解放を重視し、債権者の帰責事由の有無にかかわらず契約を解除することができるものとし、債権者の帰責性については損害賠償請求によって金銭的に解決を図るといった規律とすることも考えられます。このような場合には、2項を新設せず、サンプル条項の「相手方の責めに帰すべき事由の有無にかかわらず」部分を「当事者双方の責めに帰すべき事由の有無にかかわらず」といったように変更することが考えられます。

(2) 双方に帰責事由がある場合

なお、社会的実体として債権者と債務者の双方に落ち度がある場合に解除ができるかについては、新法においても定めがないため、旧法に引き続き解釈に委ねられることとなります。

---

[58]. 一問一答235頁

立案担当者においては、この場合であっても、法的には、①債務者に帰責事由がある、②債権者に帰責事由がある、③双方に帰責事由がない、のいずれかに分類され、債務者が契約の拘束力から解放されることが適切か、債務不履行のリスクを一方的に負担すべき地位にあるか否かとの観点から振り分けられるとの解釈がなされています[59]。

これに従うと、社会的実体として双方に落ち度がある場合には、その内容や寄与の程度によって「自己の責めに帰すべき事由による」か否かが判断されることとなるでしょう。

ただし、上記の理解も一つの解釈にすぎず、異なる解釈を許さないものではないと考えられます[60]。実際、改正の審議過程においては、法的にも債権者と債務者の双方に帰責事由がある場合があり得るという見解も見られます[61]。

社会的実体としての落ち度と法律上の帰責事由を二分化して契約書に規定することは混乱を招くこと、従前から双方に帰責事由がある場合を規定することは実務上見受けられたこと、解釈に委ねるのではなく契約書上明文で規定する方が疑義を生じる余地がなく望ましいことなどに照らすと、法的にも債権者と債務者の双方に帰責事由がある場合があり得ることを前提に、その帰結について規定することが望ましい場合も多いと考えます。

59.一問一答235頁

60.部会資料79-3・15頁

61.第78回部会議事録43～44頁

04 少しでも契約違反があれば解除できるのでしょうか？

2
解除

ポイント

新法では軽微な違反であれば解除できないことが明記されましたが、契約書の文言上は、解除事由をより具体的に定めることや、あえて軽微な事由が除外される形で解除事由を明記することを検討しましょう。

～サンプル条項の該当部分～

第10条（契約の解除）

1．（略）

 ⑴　本契約又は個別契約に違反した場合において、当事者が［7］日以上の期間を定めて相手方にその解消を催告したにもかかわらず、その期間内に解消されないとき。

ポイント解説

　旧法541条では、債務不履行による催告解除について、債務不履行の程度を問わずに催告解除をすることができるのかについては規定しておらず、明確ではありませんでした。そして、解除可能なのは契約の要素をなす債務の不履行の場合であり、契約の目的達成に影響を与えないような付随的義務の不履行による解除はできないとの解釈が判例・通説とされておりました[62]。そこで、新法541条ただし書は上記の解釈である、

---

[62].一問一答236頁。中田裕康「契約法」第204頁、最判昭和36年11月21日民集15巻10号2507頁等

103

数量的にわずかな主たる債務の不履行や、付随的なものに過ぎない債務の不履行による解除を封ずる趣旨を明文化し、軽微性の基準を用いることとしました。

　もっとも、軽微か否かは「契約及び取引上の社会通念」によって判断されるため、ケースバイケースの判断と言わざるを得ず、明確性に欠けます。また、契約の目的そのものには大きく影響しない付随的義務の違反であっても、是正要求を受けたにもかかわらず是正をしない者とは、契約にあたっての信頼関係を保持できない、という判断はあり得るところと思われます。

　そのため、契約書の文言上は、解除事由をより具体的に定めることや、あえて軽微な事由が除外される形で解除事由を明記することなどによって、「軽微」かどうかが争われるリスクを軽減し、紛争予防に繋げることが考えられます。

05 履行不能であれば、誰にも責任がなくても当然に解除できるの?

ポイント

旧法と異なり新法では双方に帰責性がなくても解除できますが、明確化のため、解除事由として規定しましょう。

~サンプル条項の該当部分~

第10条（契約の解除）
1．（略）
　(1)　（略）
　(2)　債務の全部又は重要な一部の履行が不能であるとき。

ポイント解説

(1)　旧法の内容

　旧法では、債務が履行不能となった場合には、帰責性の所在に応じ、双方に帰責性がない場合は危険負担によって当然に、債務者の帰責性による場合は解除（旧法543条）によって、履行不能となった債務の反対債務を消滅させ、債権者を契約による拘束から解放することが多くありました。

(2)　新法の内容

　しかし、新法は、536条において、双方に帰責性のない履行不能について、債権者の履行拒絶権を規定して反対債務を存続させ、他方で、新

法543条において、債務者に帰責性がない場合の解除を可能としました。

(3) 新旧の相違と対処

　このように、旧法と新法では、双方に帰責性のない履行不能の処理が異なります。そのため、従来の規定との混同を回避する観点からは、修正後サンプル条項第2号のように、履行不能の場合による解除を明記しておくことが望ましいといえます。

　なお、一部についてのみ履行不能である場合に、契約の全てを解除できるとすることが妥当でないことも考えられます（改正民法542条2項1号も、その場合には契約の一部を解除できるとするにとどまります。）。そこで、単に「一部の履行が不能であるとき」ではなく、例えば、「重要な一部の履行が不能であるとき」などとすることが考えられます。

06 解除事由について他に留意すべき点はあるの?

ポイント

解除事由に抜け漏れがないように注意しましょう。

ポイント解説

　サンプル規定第3号以降に規定された解除事由は契約書において定型的にみられるものですが、これらは主に、相手方にはまだ債務不履行はなく法定の不履行解除はできないものの、経営状況等から債務不履行が見込まれる場合に、債務不履行を待たずに速やかに解除することを目的としています。債務不履行であれば契約書の規定がなくとも法定解除が可能ですが、債務不履行でない場合には、基本的には、契約に従った解除によるほかありません。そのため、相手方作成の契約書を検討する際には、**解除事由の抜け漏れがないかの検討は非常に重要**といえます。

　なお、このうち、いわゆる倒産解除条項と呼ばれる第6号の規定は、それぞれの制度の趣旨・目的との関係でその法的有効性についてしばしば論点となり、無効と判断する最高裁判例及び下級審裁判例が存在します[63]。そのため、倒産解除条項には無効のリスクが存在することになります。

　もっとも、倒産解除条項の規定内容の全てが無効であると判例上確立したといえるわけではなく、実務上も規定されていることが未だに一般的です。

63.会社更生手続につき、最判昭和57年3月30日民集36巻3号484頁。民事再生手続につき、最判平成20年12月16日民集62巻10号2561頁。破産の場合につき、東京地裁平成21年1月16日金融法務事情1892号55頁

したがって、実務的には、倒産解除条項を規定しつつ、できる限り、他の解除事由による解除を検討するという対応が現実的であるものと思われます。

チェックリスト

☐ **債務者の帰責事由の有無を問わない**ことが規定されていますか?

☐ **債権者に帰責事由がある場合には解除できない**ことが規定されていますか?

☐ **解除事由をより具体的に定める**ことや、あえて**軽微な事由が除外される形で解除事由を明記**していますか?

☐ **履行不能の場合も解除事由として規定**しましたか?

☐ **解除事由の抜け漏れ**はありませんか?

3 目的及び範囲

（重要度：**中**、改正対応：**要**）

～サンプル条項～

第1条（目的及び範囲）

1．本契約は、両当事者間の売買取引に関する基本的事項を定めたものであり、本契約に基づく個々の契約（以下「個別契約」という。）の全てに適用されるものとする。

2．個別契約において本契約と異なる定めをした場合には、個別契約が本契約に優先して適用されるものとする。

※売主及び買主として、大きく変更すべき点はありません。但し、新法を踏まえ、目的条項の修正を検討する余地があることについては、注66参照。

01 目的条項を確認する際に注意すべきポイントは?

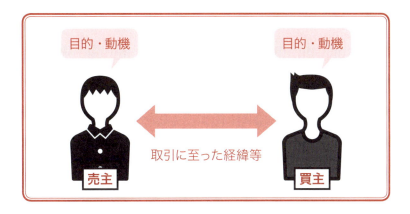

ポイント

目的条項が存在するか、目的の内容が想定している取引と合致しているかを確認しましょう。また、その際には、当該取引に至った経緯や、動機等を整理しておくことも契約全体を見直すにあたって有益です。

ポイント解説

　目的条項は、契約がどのような位置づけ[64]を有するのかに関し、その概要を確認するなどの機能があります。また、その他の条項において目的が当該条項の適用に影響を与えること[65]が明示的に規定されている場合はもちろんですが、そうでない場合に、各条項の解釈のために参照さ

---

64. 例えば、サンプル条項では、サンプル契約の想定する取引が売買契約であること、個別契約に適用される基本事項を定めたものであること等の法的性質が概括的に示されています。

れることもあります。そのため、目的条項を想定される取引と合致させるとともに、その内容を過不足なく規定することはとても重要であることが多いといえます。

　加えて、目的規定を確認する際には、何のために契約を締結するのかなどの契約に至った経緯や動機を契約上も規定しておくことで、その契約から生じ得るリスクを想定することができ、その他の条項で確認すべき観点を想起することもできます[66]。

65.本書のサンプル契約では採用していませんが、契約の目的を達成し得ないことなどを解除事由としている場合や、秘密保持条項において契約の目的以外の利用を禁止する場合等が想定されます。

66.新法では、善管注意義務（同法400条）、履行不能（同法412条の２）、損害賠償請求の帰責性（同法415条但書）、解除（同法541条但書及び542条各号）、担保責任（同法562条）等の各条項で、「契約」を考慮する旨文言が追加されました。また、同法416条２項における特別損害の判断が、予見「すべきであった」か否かにより行われることとなりました。そのため、（旧法と解釈は変わらないという見解もありますが、）各条項の判断に際して、より一層、契約内容を重視する傾向が強まる可能性があります。そこで、目的条項において、契約締結に至る経緯や動機等を規定することも考えられます。例えば、以下の条項例が考えられます。

> 　本契約は、買主が、新卒で入社する新人社員に貸与するPCの販売が可能な業者を検討していたところ、売主が仕入れの上、買主に対し、販売可能であると申し出たため、両当事者で交渉の上で合意に至った内容について、売買取引に関する基本的事項として定めたものであり、本契約に基づく個々の契約（以下「個別契約」という。）の全てに適用されるものとする。

02 適用範囲についての条項について確認すべきポイントは?

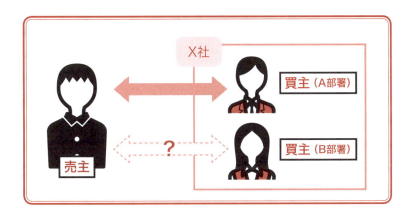

ポイント

契約の相手方との間で他の売買基本契約その他の関係する基本契約が存在しないかを確認しましょう。

ポイント解説

個別契約で基本契約と異なる定めをした場合には、一般的に、後に締結される個別契約の定めが優先すると解されていますが、サンプル条項2項は、これを確認的に規定した条項になります[67 68 69]。

かかる適用範囲の条項に関連して、同一の相手方との間で、(例えば、別の部署等が担当して、) 別の売買基本契約や関連する基本契約が締結

---

[67]. サンプル契約においては、目的条項に含まれる形式で規定していますが、別の条項として規定されている場合もあります。

されていないか、注意が必要です。この場合には、成立した個別契約に
どちらの基本契約が適用されるかが不明確となるほか、意図していた範
囲を超えて基本契約が適用されてしまうおそれがあります。仮に、自社
内で同一の相手方との間での他の基本契約が締結されている場合には、
適用範囲の条項を修正する必要があります[70]。

68.なお、注文書や注文請書に裏面に基本契約に定められるような契約条項（裏面約款）が規定されている場合があります。この場合には、サンプル条項2項を前提とすると、基本契約で定めた基本事項が適用される余地を狭めてしまうおそれがあります。そのため、基本契約で裏面約款と基本契約の優劣関係を明確にすることや、注文書や注文請書の交付の際に、裏面約款の削除や適用除外の記載を求めることが考えられます。

69.また、相手方との力関係等の影響を受けて、担当者が個別契約上で、基本契約で定めた重要な事項を不利に修正してしまう例もありますので、そのような対応が生じないよう注意する必要があります（こうした事態を回避すべく、基本契約において、特別の規定がない限り個別契約よりも基本契約が優先する旨を定める場合もあります。）。

70.例えば、「本契約は、買主の●部門から発注された●製品に関する両当事者間の売買取引に関する基本的事項を定めたものであり、」等と限定することが考えられます。

チェックリスト

☐ **目的条項の存在と規定内容**を確認しましたか?

☐ **契約の相手方との間で他の取引がないか**を確認しましたか?

4　個別契約の成立

（重要度：**中**、改正対応：**要**）

～修正後のサンプル条項～

第3条（個別契約の成立）

　個別契約は、前条の内容を記載した買主所定の注文書が買主から売主に発送された時に買主が申込みをし、売主所定の注文請書が売主から買主に ~~発送された~~ 到達した時に売主が承諾をしたものとして、成立する。但し、売主が買主から注文書を受領してから●日以内に買主に対して承諾しない旨の意思表示をしないときは、個別契約は成立したものとみなす。

---

01 個別契約の成立時期について注意すべきポイントは?

【共通事項個別契約の成立①】

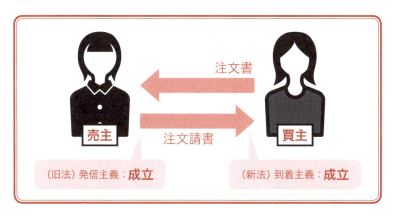

ポイント

個別契約の成立時点を注文請書[71]の「到達」時とする必要がないか検討しましょう。

ポイント解説 [72]

(1) 旧法の内容

　旧法では、隔地者間の契約については、早期に契約を成立させ、承諾者(売主)に履行の準備を開始させる必要があるとして、**承諾の通知を発した時に契約が成立**するとされていました(発信主義：旧法526条1項)。

---

[71]. 個別契約についても、契約書を作成し締結することは可能です。もっとも、事務処理上の負担を軽減する観点から、注文書と注文請書を交わす方式によって個別契約を成立させることが実務上多くみられます。

[72]. 一問一答221頁

(2) 旧法の問題点

しかし、これについては、**承諾の通知が申込者（買主）に到達しない場合であっても契約が成立してしまうため、申込者が不測の損害**を被るおそれがある、**通信手段が発達した現代においては**旧法526条1項の**必要性が乏しいなどと**指摘されていました。

(3) 新法の内容

新法では、旧法526条1項の定めを削除し、**承諾の通知が申込者に到達**[73]**した時点で契約が成立する**こととしています（到達主義：新法97条1項参照）[74]。

そのため、買主側は、売主提示の契約書において、個別契約の成立時期が発信時となっている場合には、契約の**成立時期を（民法に合わせて）到達時に修正**すべきです[75]。

また、売主側も、買主に契約の成立を確実に認識させ、後に無用な疑義が生じないよう、同様に契約の成立時期を注文請書の到達時とする修正も検討に値するでしょう[76]。

---

[73].電子承諾通知における「到達」の意義については、平成30年7月経済産業省「電子商取引及び情報財取引等に関する準則」5頁以下で詳解されています。

[74].なお、旧法下においては、旧法の特別法として、「電子消費者契約及び電子承諾通知に関する民法の特例に関する法律」が存在し、電子的手段による承諾について、到達主義によるとされていました（同法4条1項）。もっとも、上記の改正に伴い、同条も削除され、法律名も「電子消費者契約に関する民法の特例に関する法律」に変更されました。

[75].なお、新法においては、申込者が申込みを撤回する権利を留保した場合には、契約の成立までの間、申込みの撤回ができることとなりました（新法523条1項但書、525条1項但書、制定経緯について部会資料67A・45頁、47頁）。そのため、仮に、買主として、申込みを撤回する可能性がある場合には、基本契約書や注文書上に、注文請書が到達するまでの間は、いつでも申込みを撤回することができる旨規定しておくことも考えられます（到達後は撤回が出来ません。一問一答221頁）。

76. 個別契約は、上記のように注文書や注文請書が交わされて初めて成立するのであり、原則としては、基本契約を締結したのみでは、個別契約は成立しませんし、買主の発注義務や売主の受注義務は生じません。もっとも、実務上、基本契約を締結した当事者間で発注義務や受注義務の有無が問題になることも少なくありません。実際に、契約書において、売主が受注について最大限努力し、正当かつ合理的な理由なく拒んではならない旨規定されていたことをもって売主の受注義務を認めた裁判例（東京地判平成22年9月15日判タ1346号175頁）や、一定期間、売主が買主の要望に応え、強い協力関係を維持してきたこと等に鑑みて、買主の発注義務を認めた裁判例（東京地判平成20年9月18日判時2042号20頁）も存在します。そのため、相手方から提示された基本契約に受・発注義務を示唆する条項が存在する場合において、それが自社にとって必ずしも有利とはいえないときは、削除するよう要請すべきです。また、相手方との関係性に鑑みて、受・発注義務が生じる可能性がある場合には、当該義務の発生を可及的に低減するべく、基本契約書上で、基本契約の締結が受・発注義務を生じさせるものではないことを確認的に規定しておくべきでしょう。

02 みなし承諾期間について注意すべきポイントは？

【共通事項個別契約の成立②】

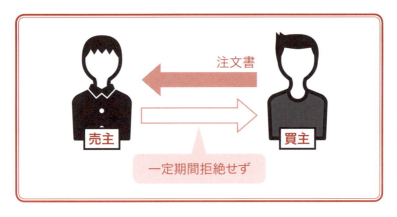

ポイント

みなし承諾期間について、自社にとって**十分な期間**となっているか確認しましょう。

ポイント解説

　前述のとおり、原則としては、契約は売主の承諾の意思表示が買主に到達したときに成立します。

　もっとも、**会社（商人）が平常取引をする者からその営業の部類に属する契約の申込みを受けたときは、遅滞なく、契約の申込みに対する諾否の通知**を発しなければならず、その**通知を発することを怠ったときは、同項の契約の申込みを承諾したもの**とみなされます（新・旧商法509条1項、同条2項）。

　かかる商法の規定を受け、また、商取引の迅速性を確保するため、売買基本契約書においては、サンプル条項の但書のように、買主の申込後

一定期間（みなし承諾期間）を経過するまでに売主が承諾しない旨の意思表示をしない場合には、売主が承諾をしたものとみなす旨の規定が定められることがあります。

この点に関連して、新・旧商法509条は、**「遅滞なく」としており、その期間については、必ずしも明確ではありません**。

そのため、売主側は、買主提示の契約書におけるみなし承諾期間を確認し、**受注の可否を判断するのに十分な期間となっているかを確認**しましょう。また、みなし承諾期間が**定められていない**場合には、上記のとおり「遅滞なく」か否かで判断されてしまうため、**明確な期間を設ける**ように提案する必要があります[77]。

他方、買主も、みなし承諾期間を確認し、あまりに長期の期間が設定されているような場合には、当該期間の短縮を提案するべきですし、みなし承諾期間が定められていない場合には、明確な期間を定めることを提案するべきです。

---

[77].特約を設けることによって商法509条の適用を排除することも可能ですが、そうした特約は、売主に一方的に有利な規定となってしまうため、買主から拒絶されることも少なくありません。

チェックリスト

☐ 個別契約の**成立時期**は注文請書の「**到達**」時になっていますか?また、そのように修正する必要はありませんか?

☐ **みなし承諾期間**が定められていますか?また、自社にとって**十分な期間**が設けられていますか?

5　その他重要事項

01　不可抗力条項について

※売主側が最低限提案する場合の修正後のサンプル条項の一例

> **第11条（不可抗力の免責）**
>
> 　天災、自社内での労働争議（サボタージュ、ストライキ、ロックアウト、ボイコット）の発生、資材・資源（ガス、石油、電力、水道）の不足、交通機関、輸送施設、港湾設備又は通信回線・設備の使用不能、自らが利用する仕入先、製造業者、倉庫業者、輸送業者の債務不履行その他不可抗力の事象が生じた場合には、かかる事象の影響を受けた当事者の義務は、不可抗力によって生じた遅延の期間中は当然に一時停止されるものとし、これによる債務不履行は生じないものとする。

ポイント解説

（1）　不可抗力の一般的意義・効果

　不可抗力の意義は、民法上規定されていませんが、一般的には、外部からくる事実であって、取引上要求できる注意や予防方法を講じても防止できないものと解されています[78]。

　そして、債務の不履行が生じた場合にも、当該不履行が不可抗力によるときは、責任を負わないと解されています。但し、民法は、金銭債務の不履行による損害については、不可抗力の場合であっても免責は認められないとしています（新法419条3項）。そのため、売買契約の買主が

78.我妻＝有泉792頁

代金の支払を遅滞した場合には、不可抗力による免責は認められないことからすれば[79]、不可抗力条項は、基本的には、売主側に意義のある条項といえます。

(2) 不可抗力の具体例

また、具体的にどのような事象が不可抗力にあたるかも民法上規定がありません。従来は、大地震・大水害などの災害や、戦争・動乱などが代表的な例とされ、単なる第三者の行為などは、通常、不可抗力とはいわないとの指摘もありましたが[80]、昨今の契約実務では、第三社の行為も含め、幅広く不可抗力が規定される傾向にあります。例えば、代表的な例としては、以下の事象が挙げられます。

①自然災害	地震、洪水、津波、海難、台風、サイクロン、ハリケーン、地滑り、荒廃、落雷、火山噴火
②人災	火災、爆発事故、放射能汚染、難破
③社会的騒乱	革命、侵略行為、戦争、戦闘行為、デモンストレーション、テロリズム、内乱、封鎖、暴動、
④政治的騒乱	憲法、条約、法令、規則又は通達の制定・改廃及び政府等による命令、処分、指導、拘束・拘禁、隔離又は輸出入の制限
⑤経済的騒乱	国有化措置、為替市場の閉鎖
⑥感染症、伝染病	SARS、鳥インフルエンザ
⑦労働争議	サボタージュ、ストライキ、ロックアウト、ボイコット

---

[79].但し、不可抗力の中でも大災害による送金手段緒途絶のように例外的な事例においては、信義則や権利濫用等の一般条項により、買主が保護されうるとの指摘もあります（部会資料68A・43頁）。

[80].我妻＝有泉792頁

⑧インフラ関係	資材・資源（ガス、石油、電力、水道）の不足、交通機関、輸送施設、港湾設備又は通信回線・設備の使用不能
⑨再委託先の債務不履行	仕入先、製造業者、倉庫業者、輸送業者の債務不履行

(3)　契約書における規定のポイント

　前述のとおり、不可抗力の意義や具体的な事象は、法律上明らかではありませんので、売主としては、なるべく幅広く網羅的に不可抗力事象を規定することが望ましいといえます。

　他方、上記の事象を全て規定することは、契約書全体のバランスとの関係で難しい場合もあると思われます。

　個々の取引の内容に鑑みて、どの不可抗力事象を追記するか検討する必要があります。例えば、前述の不可抗力の定義からすれば、⑦労働争議、⑧インフラ関係、⑨再委託先の債務不履行等は、売主に係る問題であることや、売主が一定の対応をすれば防止できる可能性もある等必ずしも不可抗力事象に該当するかは、明らかではありません。そのため、売主としては、そのような事象を中心に不可抗力事象を追記すべきです（冒頭の修正後のサンプル条項は、かかる観点から最低限の追記をする場合の一例になります。）。

　他方、買主としては、売主が規定している不可抗力事象を確認の上、売主内部の事象や、売主が防止し得る事象については、削除を求めるべきでしょう（元々のサンプル条項は、天災しか記載が無く、その意味では、買主に有利な条項といえます。）。また、文言からして、意義が不明瞭な事象が記載されている場合、当該事象を明確化することも考えられます。

　また、不可抗力事由に該当する場合には、債務者は責任を免れ、債権者は不可抗力事由が継続している間はその履行を受けることができない

状態が続きます。そのような不確定な状態を解消するために、不可抗力事由が一定期間継続する場合には契約を解除できる規定を入れることも考えられます[81]。

81.不可抗力事由により解除を認める条項例として、以下のものが考えられます。
「不可抗力の事象が●日以上継続した場合は、売主及び買主は、本契約を解除することができる。なお、当該解除に伴い、損害賠償義務その他一切の責任（民法419条3項に基づき生じる損害賠償責任は除く。）を負わない。」

02　通知条項について

5　その他重要事項

※サンプル条項の一例

第19条（通知）

1. 本契約又は個別契約に基づく通知その他の一切の連絡（以下、「通知等」という。）をする者（以下、「通知人」という。）は、通知等を行うときは、書面により、相手方に、直接持参して交付し、又は内容証明郵便、書留郵便、ファクシミリ若しくは電子メール（電子メールについては、相手方が同意した事項に限られ、また PDF ファイルその他の添付ファイルによる。）によって送付するものとする。

2. 前項の通知等は、相手方がその内容を推知することができたにもかかわらず通知等を受領せず、又は相手方の所在が不明になり若しくは通知なく相手方の住所が変更されたことにより通知等が相手方に送付できない等、相手方が正当な理由なく意思表示の通知が到達することを妨げたときは、その通知は、通常到達すべきであった時に到達したものとみなす。

　ポイント解説

（1）　意思表示の到達が妨げられた場合に関する民法改正

　旧法下では、意思表示の到達が相手方によって妨げられた場合についての規定はありませんでしたが、民法改正により、新法97条2項において、「相手方が正当な理由なく意思表示の通知が到達することを妨げたときは、その通知は、通常到達すべきであった時に到達したものとみなす。」という規定が設けられました。この規定は、たとえば契約の解除など自己に不利な意思表示を記載した書面の送付が予想される場合に、郵送されてきた書面の受取を拒絶するといった事例などを念頭においた

127

ものであり、このように相手方が意思表示の到達を妨げたような場合には意思表示が到達したものとみなすことで契約当事者の公平を図る趣旨のものです[82]。

(2)　契約当事者として修正すべき点

　契約当事者としては、特に本契約を解除する場合や売買代金の支払いを催告する場合、引渡しの催告をする場合等に、その通知の到達を相手方が妨げることで解除や催告の有効性が問題になることが想定されます。そのため、上述の2項を規定することにより、相手方の妨害により通知が到達しない場合であっても解除や催告の効果を享受する可能性が生まれることとなります。

　新法97条2項による規定では、「正当な事由」という抽象的な文言で規定されている点や、催告など意思表示にはあたらない通知もある点から、契約当事者としては、上述2項の規定を設けることで、相手方による通知の到達妨害により通知が到達しない場合の不利益を回避できます。上述のサンプル条項においては、「正当な事由」の例示として、過去の判例で示された事例や実務上よく見られる事例を挙げ、このような場合においても、本件売買契約について解除や催告等の通知の効果が生じるようにしました。

---

[82].筒井健夫ほか「立法担当者解説第1回　民法（債権法改正）の概要」NBL1106号（2017）13頁

03 協議を行う旨の合意による事項の完成猶予について

※修正後のサンプル条項の一例

> **第21条（誠実協議）**
> 1. 本契約に定めのない事項又は解釈上の疑義については、当事者は、誠意をもって協議し、解決することとする。
> 2. 前項の協議を行う場合であって、相手方から要求されたときは、当事者は、当該協議を行う旨の合意を書面又は電磁的記録により行うものとする。

（1）　協議を行う旨の合意による時効の完成猶予[83]の新設

　旧法下においては、協議を行う旨の合意による時効停止の制度がないため、当事者間で争いを自主的に解決することを目指して交渉や協議を継続していても、交渉が長引いて時効の完成が迫ると、完成を阻止するためだけに、自主的解決を断念して訴訟の提起等の措置をとらざるを得ない場合が発生していました。これでは、当事者間における自発的で柔軟な紛争解決が妨げられてしまい、妥当でないとの指摘がなされていました[84]。

　そこで、新法においては、権利についての協議を行う旨を書面又は電磁的記録[85]で合意すれば、時効が完成猶予されることとなりました（新

---

[83].旧法においては、時効の中断・停止と整理されていた事由について、新法においては、時効の更新・完成猶予事由として再構成され、内容についても見直しがされました（新法147条乃至152条）。その他にも、時効期間の起算点の変更（新法166条）、短期消滅時効制度（旧法170条以下、商法522条）の廃止（民法の一部を改正する法律の施行に伴う関係法律の整備等に関する法律3条）等、重要な変更がなされています。

[84].一問一答49頁

法151条)[86]。

（2）　契約書への反映について

　上記の完成猶予制度を踏まえ、契約書においては、上記の修正後のサンプル条項のように、相手方の要求に応じ、協議を行う旨の書面又は電磁的記録による合意を義務[87]付けることが考えられます。特に、代金債権の時効が問題となり得る売主側にとっては、意義のある規定となるでしょう。

---

[85].例えば、電子メールで協議の申し入れがされ、その返信で受諾の意思表示がされた場合です（一問一答50頁）（新法151条4項）。

[86].時効の完成が猶予される期間や、通算して猶予できる期間等については、制限があります（新法151条及び152条）。

[87].ただし、時効の利益の放棄が認められないこと（新法146条）との関係で、かかる合意が認められるかについては、明らかではありません。今後の判例や裁判例の集積が待たれるところです。

04	契約の有効期間について

5

その他重要事項

ポイント解説

（1） 契約の有効期間の意義

　契約には、一回きりの売買契約のように、通常給付を1回行えば契約の履行が完了する一時的な契約と、取引基本契約、賃貸借契約、雇用契約等のように、契約関係の継続を前提とする継続的契約とが存在します。

　前者の一時的な契約については、契約の中心となる債務の履行が1回の給付により終了するため、基本的にそのための履行期を定めれば足ります。そのため、通常、契約期間を定める必要はありません。

　これに対し、後者の継続的契約においては、期間の定めのある契約であっても、期間の定めのない契約であっても、当事者は一定期間契約に拘束されることとなります。この期間について定める合意が、契約の有効期間です。

（2） 契約の終了時期

① 原則

　契約の期間の定めがある契約については、当該期間の満了により終了し（第141条）、相手方から契約更新の申入れがあったとしても、他方当事者はこれに応じるか否かを自由に決定することができます。他方、契約期間中においては、債務不履行による解除その他の法律の規定に基づく解除等を除き、特約がない限り契約を終了させることはできないと考えられます[88]。

---

[88].升田65頁

期間の定めのない契約については、契約の当事者はいつでも解約の申入れをすることができ（賃貸借契約について第617条）、解約の申入れがなされたときには、当該申入れから相当期間が経過することにより契約が終了するものと解されています[89]。

② 自動更新条項

> **第16条（有効期間）**
> 本契約の有効期間は、●年●月●日から●年●月●日までとする。ただし、期間満了の●ヵ月前までに当事者のいずれからも本契約を終了させる旨の申入れがない場合には、本契約は従前と同一の条件で●年間更新されるものとし、以後も同様とする。

　上記の原則に従えば、ある程度の期間契約関係の継続を希望する当事者間においては、契約期間の満了のたびに契約を繰り返し締結することや更新の合意が必要となりますが、これでは煩雑に過ぎます。期間の定めのない契約を締結することも考えられますが、上記原則に従えば、いつでも契約の解約を申し入れることができるため、予測可能性に欠けることとなります。

　そこで、継続的契約に規定されるのが、自動更新条項となります。自動更新条項を規定することにより、期間が満了するたびに再度契約を締結することや更新の合意を行う煩雑さを避けることが可能となります。他方、契約の更新を希望しない場合には、契約期間満了の一定期間前に相手方に更新しない旨を申し入れる必要があるため、注意が必要です。

89.中間試案の補足説明393～394頁、升田65頁

③　継続的契約の法理

> **第16条（有効期間）**
>
> 1　本契約の有効期間は、●年●月●日から●年●月●日までとする。
>
> 2　甲及び乙は、前項の期間が、●●●を理由として定められたものであり、甲乙が本契約の更新について書面により合意した場合を除き、いかなる場合においても本契約は前項の期間の満了をもって終了することを確認する。

　継続的契約の終了時期は原則として前述①のとおりですが、その期間の満了や更新、契約の解除や解約等の契約の終了に関しては、継続的契約に特有の制限が課されるとの法理が説かれることがあります。これは、契約の継続に対する当事者の信頼保護、契約の締結及び履行に際し投下した資本の回収、経済活動の安定等を背景とするものです。

　一方で、継続的な契約であるという形式的な理由によってのみこうした特有の制限を適用すべきではないという批判的な見解もあり、裁判例においてもこれを肯定するもの[90]と否定するもの[91]が見られます。今回の民法改正においても、継続的契約の法理を明文化することが議論され、中間試案においてはこれを期間の定めのある契約と期間の定めのない契約に分けて規定することが提案されましたが、継続的契約には様々な類型なものがあるため、一律に適用されるべき規定を設けることが困難であることを理由に、明文化は見送られました[92]。

　継続的契約の法理が適用される場合には、契約上定められている手続を履践したとしても契約関係を終了することができない場合が生じ得る

---

[90].札幌高判昭和62年9月30日判タ667号145頁、東京高判平成6年9月14日判時1507号43頁等

[91].札幌高判平成9年7月31日判タ961号103頁

[92].中間試案の補足説明393〜394頁

ことになりますが、一定の期間で契約を終了させたい当事者にとっては、契約を終了させることができる時期の予測が困難であり、不都合です。

そこで、継続的契約の法理が適用されるおそれを可及的に低減させるとともに、当該法理の適用を巡って紛争となることを予防するため、原則として更新をしないことを明示することが考えられます。この際、同法理の適用の有無に際しては、期間が定められた趣旨目的等が斟酌されるため、サンプル条項においてはこれを明示しています。

（3）　新法の適用と自動更新

新法の施行前に締結された契約に新法の適用があるかについては、法律行為や意思表示を行った時点において適用されている法令が当該行為に適用されるものと考えるのが通常であり、かかる予測を害することは妥当でないことから、原則として、新法の施行日前に締結された契約には旧法が適用されることとされています[93]。

もっとも、新法の施行前に締結された契約が、新法の施行後に期間が満了し、更新の合意がなされた場合については、その時点において新たに更新の意思表示がされているため、契約当事者においても更新後の契約に新法が適用されることについて予測ができ、旧法の適用への期待を保護する必要がないことから、更新後の契約については新法が適用されるものと考えられます[94][95]。

このことは、前述②の自動更新の場合であっても、契約の終了についての申入れを行わないという不作為をもって、黙示の合意がなされたも

93.一問一答379頁

94.一問一答383頁

95.新法施行後に締結された個別契約についても、新法が適用されると解されています。また、新法施行日前に締結された基本契約についても、個別契約の内容を補充する限りにおいては、新法が適用されると解されています（重要論点12頁）。

のと評価することができ、旧法の適用への期待を保護する必要がないという点では異ならないことから、新法施行前に締結された契約に自動更新条項が定められており、新法の施行後に当該条項に基づき自動更新がなされた場合であっても新法が適用されることとなります[96]。

96.一問一答383〜384頁
　　他方、契約の更新でも、借地借家法第26条や労働契約法第19条のように、当事者の意思に基づかずに更新されるものとみなされるような場合には、新法の適用の予測があるとはいえず、なお旧法適用の期待を保護する必要があるため、旧法が適用されるものと考えられます（一問一答383〜384頁）。

05 連帯保証条項について

ポイント解説

（1） 連帯保証規定の目的

　売主からすれば、買主の信用力に不安がある場合には、取引基本契約から生じる売買代金の回収を確保するために買主の債務について、連帯保証人に連帯保証をさせることが考えられ、取引基本契約にも連帯保証人条項を規定することが考えられます。例えば、買主（会社）の経営者が、買主の委託を受けて連帯保証人となる場合が考えられます。

　新法においては、保証に関する規定（連帯保証を含む）についてもいくつか改正がされましたが、本テーマでは、そのうち①個人根保証ルールの拡大、②連帯保証の相対的効力の拡大、③情報提供義務について解説します。

（2） 個人根保証ルールの拡大

　新法では、個人が保証人となる根保証については、一定の金額（極度額）を定めない場合には無効とされることになり、保証人は極度額の範囲内でのみ責任を負うこととされました（新法465条の２第１項、第２項）。そのため、新法が適用される個人根保証契約においては、必ず極度額の規定を設ける必要があります。

　取引基本契約に基づいて継続的に取引が行われる場合には、主債務である代金債務が常に変遷することになります。そして、上記の通り極度額を設定した場合には、代金支払債務の残高が極度額を超える部分は、連帯保証の範囲から外れることになります。そのため、極度額の金額を設定する際には慎重に検討をする必要がありますし、極度額を設定した場合には、代金支払債務の残額を確認し、可能な限り極度額を超えない

ような管理をするべきものと考えられます。

(3) 連帯保証の相対的効力の拡大

連帯保証について、新法458条においては、連帯保証人について生じた更改、相殺及び混同についてのみが主債務者に対しても効力が及ぶとされ（新法438条〜440条。絶対的効力）、連帯保証人に生じたそれ以外の事項については主債務者に対して効力が及ばないとされました（新法441条。相対的効力。）。旧法458条においては、履行の請求、免除、時効についても絶対的効力とされていましたが、新法においてはこれらの事項は相対的効力とされることになりました。具体的な違いとしては例えば、旧法においては、債権者は連帯保証人に債務の履行を請求すれば、主債務者に対する関係でも時効中断の効力が生じましたが（絶対的効力）、新法においては、債権者は連帯保証人に対して債務の履行を請求したとしても、主債務者に対する関係では時効中断（新法では更新）の効力は生じないことになります（相対的効力）。

もっとも、このような絶対的効力・相対的効力に関する規定は任意規定です。そのため、売主としては、取引基本契約において連帯保証人に対して債務の履行の請求をした場合には絶対的効力が生じる旨を規定することが考えられます。これによって、売主が連帯保証人に対して債務の履行を請求することによって、買主及び連帯保証人の双方に対して時効中断（新法では更新）の効力が生じることになります。

(4) 情報提供義務
① 主債務者の情報提供義務

新法では、事業のために負担する債務を主債務とする保証契約やこれを主債務の範囲に含む根保証契約について、個人に保証を委託する場合には、主債務者は保証人に対して、①自己の財産及び収支の状況、

②主たる債務以外に負担している債務の有無並びにその額及び履行状況、③主たる債務の担保として他に提供し、又は提供しようとしているものがあるときは、その旨及びその内容に関する情報を提供しなければなりません（新法465条の10第1項）。

そして、主債務者が上記の情報を提供せず、又は事実と異なる情報を提供したために、保証人がこれらの事項について誤認をし、それによって保証契約の申込みまたは承諾の意思表示をした場合に、主たる債務者による情報不提供・不実情報提供の事実について悪意又は有過失であるならば、保証人は保証契約を取り消すことができます（新法465条の10第2項）。そのため契約書においては、主債務者及び保証人に対し、かかる情報提供について確約させることが有用でしょう。

② 債権者の情報提供義務（主債務者の履行状況）

新法では、委託を受けた保証人（法人を含む）が債権者に対して請求を行った場合には、債権者は、保証人に対して遅滞なく、主債務の元本や利息等の従たる債務についての不履行の有無、各債務の残高、各債務のうち弁済期が到来しているものの額に関する情報を提供しなければなりません（新法458条の2）。

③ 債権者の情報提供義務（期限の利益の喪失）

新法では、保証人が個人である場合には、債権者は、主債務者が期限の利益を喪失した場合には、その事実を知った時から2か月以内に保証人に対してその旨を通知しなければなりません（新法458条の3第1項）。債権者が上記の通知をしなかったときには、債権者は、保証人に対して期限の利益を喪失した時から通知を現にするまでに生じた遅延損害金を請求することができません（新法458条の3第2項）。

06 売買基本契約書の雛形の定型約款該当性について

5

その他重要事項

ポイント解説

(1) 定型約款に関する規定新設の背景[97]

現代社会においては、大量の取引を迅速かつ安定的に行うために、契約に際して約款を用いることが必要不可欠となっていますが、旧法は、約款に関して特段の規定を設けていませんでした。そして、約款に関しては、どのような要件の下で当事者は約款に拘束されるのか、また、約款の内容を一方的に変更することができるのかについて、判然としないという問題がありました。

そこで、新法において、定型約款に関する規定が新設されました（新法548条の2～548条の4）。

(2) 定型約款制度の概要

① 定型約款の定義[98]

定型約款の定義に関しては、①ある特定の者が不特定多数の者を相手方として行う取引であって、②その内容の全部又は一部が画一的であることがその双方にとって合理的なものを「定型取引」と定義した上で、③定型取引において、契約の内容とすることを目的としてその特定の者により準備された条項の総体を「定型約款」と定義しています（新法548条の2第1項）。また、定型約款を準備する者を「定型約款準備者」と、定型約款準備者の取引相手を「相手方」と呼称しています。

97.一問一答240頁、定型約款Q&A7～9頁
98.一問一答241頁、定型約款Q&A10～11頁

② 定型約款の成立[99]

　もっとも、定型約款に該当する場合でも、当然に当事者を拘束するわけではありません。定型約款を利用して契約を成立させるためには、①定型約款を契約の内容とする旨の合意をしたこと、又は②定型約款準備者があらかじめその定型約款を契約の内容とする旨を相手方に表示していた場合において、契約の当事者において定型取引を行う旨の合意がされたことを要するとし、この要件を満たす場合には、定型約款に記載された個別の条項の内容について相手方が認識していなくとも定型約款の個別の条項について合意をしたものとみなすとしています（組み入れ要件、新法第548条の2第1項）。

　但し、相手方の権利を制限し、又は相手方の義務を加重する条項であって、信義則（民法第1条第2項参照）に反して相手方の利益を一方的に害すると認められる条項については、合意をしなかったものとみなすこととしています（不当条項規制、新法548条の2第2項）。

③ 定型約款の変更[100]

　定型約款の一方的な変更には制限が課されており、具体的には、①相手方の一般の利益に適合するとき、又は②(ⅰ)定型約款の変更が契約目的に反せず、かつ、(ⅱ)変更に係る諸事情に照らして合理的であると認められるときに限り、定型約款の変更をすることができるとされています（新法548条の4）。

（3） 売買基本契約書の雛形の定型約款該当性[101]

　上記のように、ある契約が定型約款に該当すると、組み入れ要件の充

99.一問一答241頁、定型約款Q&A11〜15頁
100.一問一答242頁、定型約款Q&A16〜18頁
101.一問一答247頁、定型約款Q&A46〜50頁

足や不当条項規制の適用等が生じてしまいます。この点に関連して、本書で取り扱っていような売買基本契約書の雛形は、定型約款に該当するでしょうか。

結論としては、定型約款に該当しないと考えられています。すなわち、売買基本契約書の雛形を用いての事業者間取引については、当事者間で契約交渉が行われ、交渉次第では雛形の内容が修正されるのであり、仮に、雛形どおり契約が締結されることが多かったとしても[102]、基本的に、取引の「内容の全部又は一部が画一的であることがその双方にとって合理的なもの」（新法548条の2第1項柱書）とはいえないため、定型約款には該当しないと解されています。

もっとも、各契約書の雛形の中には、取引コストを低減する観点から、全く交渉がなされず、同一の内容の契約条項で締結されるものもあります（預金規定やコンピュータソフトウェアのライセンス規約等）。これらは、定型約款に該当することが多いとされているため、このような例外的な場合に該当しないか、各雛形について検討をする必要があります。

102.ある事業者が、全ての取引先との間で、ひな形どおりの契約を締結しているということがあったとしても、それが当事者間に交渉力の格差があったことが理由であれば、相手方にとっても画一的であることが合理的であるといえないものと解されるとされています（一問一答247頁）。

07 反社会的勢力排除条項について

ポイント解説

（1）　反社会的勢力排除条項が規定されるようになった経緯

近年、反社会的勢力排除に向けた関心が高まる中、「企業が反社会的勢力による被害を防止するための指針について」（以下「政府指針」といいます。）が、2007年6月19日に公表され、当該政府指針においては、反社会的勢力との「取引関係を含めた一切の関係遮断」が基本原則として示され、また、「平素からの対応」として、「契約書や取引約款に暴力団排除条項を導入する」ことが示されました。

また、これを受けて、各都道府県においては、暴力団排除条例が制定されました。例えば、東京都暴力団排除条例18条2項においては、事業者は、事業に係る契約を書面により締結する場合には、契約の相手方等が暴力団関係者であることが判明した場合には、当該事業者は催告することなく当該事業に係る契約を解除することができること等を特約として定めることが努力義務[103]とされています。

これらを受けて、昨今の各契約においては、反社会的勢力排除条項を規定することが一般的となりました[104]。

---

[103].上記のとおり、条例上は努力義務とされていますが、反社会的勢力排除条項を規定することが一般的になっている昨今においては、当該条項の整備を怠っていることが判明すれば、取締役の善管注意義務違反等の問題が生じる可能性があり、また、会社のリピテーションにも影響が生じ得る事項といえます。

[104].仮に、契約の相手方が反社会的勢力であることが判明した場合において、当該相手方との契約に反社会的勢力排除条項が規定されていないときは、解除の一般原則（新法541条）や錯誤（新法95条）等に基づき契約の解消を図ることになりますが、必ずしもこれらの規定の要件を満たすとは限らないでしょう（例えば、反社会的勢力排除の条項が規定されていない場合に、錯誤等に基づく契約の解消が否定された裁判例として、福岡地判平成26年1月16日金融商事判例1438号36頁）。

（2）　反社会的勢力排除条項の具体的な規定方法

　反社会的勢力排除条項の具体的な内容については、前述の政府指針や暴力団排除条例で言及されているほか、各団体[105]が雛形案を公表しており、これらを踏まえ、策定することになります。

　以下の本書のサンプル条項もこれらを踏まえ、作成したものとなります。なお、解除条項については、94頁の新法を踏まえた修正もしています。

第12条（反社会的勢力の排除）

1．当事者は、相手方に対し、次の各号の事項を表明保証し、また、将来にわたって該当しないことを誓約する。

(1)自らが暴力団、暴力団員、暴力団準構成員、暴力団関係企業、総会屋等、社会運動標ぼうゴロ、特殊知能暴力集団等[106]、その他これらに準ずる者（以下、総称して「反社会的勢力」といいます。）に該当しないこと[107]。

(2)自らの役員（取締役、監査役、執行役又はこれらに準ずる者[108]）[109]が反社会的勢力に該当しないこと。

105.具体的には、警察庁、国土交通省、一般社団法人信託協会、一般社団法人生命保険協会、一般社団法人全国銀行協会、一般社団法人全国信用保証協会連合会、一般社団法人日本建設業連合会、公共財団法人暴力団追放運動推進都民センター等が雛形案を公開しています。

106.これらの属性は、政府指針において「反社会的勢力」の属性要件とされており、また、警察庁の公表する「組織犯罪対策要綱」でも「暴力団等」に該当する者とされています。

107.例えば、東京都暴力団排除条例18条1項では、契約が暴力団の活動を助長し、又は暴力団の運営に資することとなる疑いがあると認める場合には、当該事業に係る契約の相手方、代理又は媒介をする者その他の関係者が暴力団関係者でないことを確認する努力義務があるとしていますが、本号はこの確認のための一つの手段になります。

108.「これらに準ずる者」について、警察庁の雛形の解説においては、会長、相談役、顧問等が考えられるが、いかなる名称を有するものであるかを問わず、また株主、出資者等についても、役員と実質的に同等の支配力を有すると認められる場合には該当するとされており、実際に列挙する場合もあります。

(3)反社会的勢力と次の関係を有していないこと[110]。

① 自ら若しくは第三者の不正の利益を図る目的または第三者に損害を加える目的を持って反社会的勢力を利用する関係

② 反社会的勢力に対して資金等を提供し、または便宜を供与するなど直接的あるいは積極的に暴力団の維持、運営に協力し、もしくは関与する関係

③ 反社会的勢力であることを知りながら、これを不当に利用するなどしている関係

④ 暴力団または暴力団員と社会的に非難されるべき関係

⑤ その他前①から④までに準ずる関係

(4)反社会的勢力に対し、自らの名義を貸していないこと[111]。

(5)自ら又は第三者をして、次の行為をしていないこと[112]。

① 暴力的な要求行為

② 法的な責任を超えた不当な要求行為

③ 脅迫的な言動を用いる行為

---

109. 警察庁の雛形等、中には社員（従業員）についても反社会的勢力に該当しないことを確認する条項例もありますが、個々の従業員の属性まで把握しきれない場合も多く、（会社の規模感にもよりますが、）実務上は、社員までは含まないことが多いように思えます。

110. 東京都暴力団排除条例18条1項においては、暴力団のみならず、暴力団関係者でないことの確認ももとめており、3号の①から④がこれに該当します。なお、警察庁の雛形の解説においては、3号の①から④は、1号の「これらに準ずる者」に含まれるとされていますが、実務上は、明確化の観点から、3号の様に具体的に規定することが多いように思われます。

111. 例えば、東京都暴力団排除条例25条1項では、暴力団員に対し、名義を課すことが禁止されており、本号は当該違反がないことを確認するものになります。

112. 政府指針の解説では、反社会的勢力であるかどうかという属性要件のみならず、反社会的勢力であることを隠して契約を締結することや、契約締結後違法・不当な行為を行うことという行為要件の双方を組み合わせることが適切とされており、本号のように行為に着目した規定も設けるべきです。なお、具体的な行為については、暴力団追放運動推進センター、全国銀行協会の雛形を参考に、実務上よく見受けられる行為を列挙しています。

④ 風説を流布し、偽計又は威力を用いて相手方の業務を妨害し、又は信用を毀損する行為

⑤ その他①から④までに準ずる行為

2．当事者は、相手方が、前項において表明保証し、又は誓約した事項のいずれかに違反することが判明した場合、何らの催告を要せずして、本契約及び個別契約を解除することができる[113][114]。

3．前項の規定により、解除をした当事者は、相手方に対し、当該解除により生じた一切の損害（合理的な弁護士費用を含む。）の賠償を請求することができる[115]。

4．前項の規定により、解除をされた当事者は、相手方に対し、当該解除により生じた一切の損害の賠償を請求することができない[116]。

113.例えば、東京都暴力団排除条例18条2項1号は、相手方が暴力団であることが判明した場合、催告することなく契約を解除できる旨を定めることを努力義務としています。

ただし、日本建設業連合会の雛形の解説においては、継続的な契約関係においては、信頼関係破壊の法理が適用され得るのであり、必ずしも解除が認められるわけではない旨指摘がされています（但し、条項としての予防的・抑止的機能を考慮すれば規定の仕方としては無催告の形式にすべきともしています。）。

また、警察庁の雛形の解説においては、違反から一定期間（時効の期間を留意すべきとしています。）を経過した場合には、解除権の行使が制限され得ることが示唆されています。

114.例えば、暴力団追放運動推進都民センター、日本建設業連合会の雛形においては、関連する下請契約や再委託契約等に関しても、反社会的勢力条項の規律を及ぼす規定を設けていますが（東京都暴力団排除条例18条2項2号及び3号は、かかる規定の設けることを努力義務としています。）、業態によるものの実務上、このような規定を設けることはそれほど多くはないように思われます。

115.警察庁、日本建設連合会の雛形においては、損害賠償予定や違約罰としての違約金として、具体的な金額が定められていますが、実務上、そのような規定をする例はそれほど多くないように思われます。

また、日本建設業連合会の雛形では損害額について、協議で定めるとされていますが、このような規定も実務上はあまり見受けられないように思われます。

116.なお、売買契約の解除の事例ではありませんが、暴力団幹部らが発行する月刊紙の折り込み配達をする旨の契約をしていた新聞販売店が折り込み配達を拒否したことは、社会的に相当な行為で不法行為の違法性を阻却されるとして損害賠償の責任がないとされた事例があり（千葉地裁平成2年4月23日判時1359号93頁）、本項は同裁判例も踏まえ、解除をした当事者に責任が生じないことを明確化するものになります。

08 秘密保持条項について

※サンプル条項

第15条（秘密保持）

１．買主及び売主は、本契約又は個別契約により知りえた相手方の業務上及び技術上の秘密を、契約の有効期間はもとより終了後といえども、相手方の事前の書面による承諾なしに第三者に開示又は漏洩してはならず、本契約又は個別契約の履行以外の目的で利用してはならない。

２．前項の規定にかかわらず、次のいずれかに該当する情報については、前項に基づく秘密保持義務の対象から除外されるものとする。

　⑴　相手方から開示される前に公知になっている情報

　⑵　相手方から開示される前に既に保有していた情報

　⑶　相手方から開示された後に自己の責めによらずに公知となった情報

　⑷　正当な権限を有する第三者より秘密保持義務を負わずに買主又は売主が知得した情報

　⑸　相手方から開示された情報によらずに自己が独自に開発した情報

ポイント解説

（1）　秘密保持条項の一般的意義

　売買基本契約書の締結やその履行にあたって開示される情報の中には、第三者への開示は想定されていない秘密情報が含まれていることがしばしばあります。

　このような情報は、法律上、不正競争防止法の営業秘密（同法2条6項）

として、保護される余地もありますが、そのためには、「秘密として管理され」（秘密管理性）[117]、「公然と知られていない」（非公知性）といった厳しい要件を満たす必要があり、同条による保護を受けることは容易ではありません。

そのため、契約において秘密保持条項を定め、契約の効力として秘密保持義務[118]を課し、秘密保持情報の保護を図ることに、秘密保持条項の意義があります。

（2）　秘密情報の定義方法（サンプル条項1項)[119]

秘密情報の定義方法は、自らが情報を開示する主体であるか否かで異なります。

すなわち、相手方に多くの情報を開示する場合には、サンプル条項のように、秘密情報の範囲について限定のない定義を定め、相手方に広く秘密保持義務を課すべきといえます。

---

[117].秘密保持条項に係る合意をしていることは、秘密管理性に係る積極的事情としても考慮されると解されています（経済産業省「営業秘密管理指針」（2019年1月23日最終改訂）6頁、大阪高判平成20年7月18日）。

[118].具体的には、サンプル条項1項の様に、第三者に対する開示又は漏洩の禁止や、目的外利用の禁止を定めるのが一般的です（第三者への開示等の禁止とは別に、目的外利用の禁止を規定する必要があります。）。

[119].秘密情報として取り扱いたい情報が具体的に想定される場合には、契約書上で例示列挙しておくことも検討に値します。

すなわち、裁判例においては、取引基本契約に基づき販売された商品の代金（卸売価格）が、契約に基づいて取得された（開示された）ものではない以上、秘密情報には該当しないと判断されたものが存在します（東京高判平成16年9月29日、東京地判平成14年2月5日判タ1142号279頁）。

また、秘密情報の定義を「技術上および業務上の秘密」と規定していた場合において、当該規定について、不正競争防止法上の営業秘密と同義に限定解釈した裁判例もあります（大阪地平成24年12月6日）。

これらの裁判例を踏まえると、秘密情報として取り扱いたい情報が具体的に想定される場合、契約書上でそれらの情報を例示列挙しておくことで、秘密情報として保護される可能性が高まるといえます。

他方、自らはそれほど情報を開示しないものの、相手方から多くの情報の開示を受ける場合には、自らに課される秘密保持義務の範囲を制限すべく、秘密情報の範囲について限定した定義とすべきです。実務上は、情報の開示にあたって秘密である旨を明示した情報や、書面等の媒体に記載又は記録されたもののみを秘密情報として取り扱う旨を定めること[120]が多いように思われます[121]。

(3)　例外規定について（サンプル条項2項）

また、秘密保持条項においては、サンプル条項2項のような例外規定が設けられるのが一般的です。加えて、自社の役職員や、弁護士[122]等のアドバイザーへの開示や、法令や公的機関の命令等に基づく開示についても、例外事由として定める例も実務上多く見受けられます。開示する情報の内容に鑑み、将来的に想定される開示態様については予め例外事由として定めておくことが望ましいといえます。

(4)　返還方法に係る規定

サンプル条項においては規定されていませんが、開示する情報の重要性に鑑み、返還方法についても定める場合もあります。具体的には、秘密情報の開示者が請求をした場合には、開示者の要求に従い、秘密情報（複写又は複製した物を含む。）を返還又は破棄する旨などを定めること

---

[120].開示する側としては、かかる明示を施す対応は事務処理上の負担となりますので、実際に対応可能かを踏まえ、文言を検討する必要があります。

[121].その他にも、事後的に書面にて秘密である旨を確認した情報を秘密情報として取り扱う例もあります。但し、かかる方法は、書面化による事務処理上の負担が生じることに加え、事後的な対応であるが故に失念してしまうことも多く、実務上はそれほど採用されていないようにも思われます。

[122].裁判例においては、弁護士に相談する際の情報開示を秘密保持義務違反に該当しないとしたものもあり（東京地判平成15年9月17日労働判例858号57頁）、例外規定が無くとも解釈により例外が認められる可能性は存在します。

が多いように思われます。

(5)　秘密保持条項の有効期間に係る規定

　サンプル契約17条においては、秘密保持条項が契約期間終了後も存続する旨が規定されています。

　もっとも、秘密情報の開示を受ける当事者としては、契約期間終了後も、期間の限定なく秘密情報を管理し続けることは大きな事務処理上の負担となりますので、存続期間を限定することを検討すべきです。

　他方、秘密情報の開示をする当事者としては、存続期間を限定するにしても、秘密情報がどの程度の期間で陳腐化するか（契約期間終了後、どの程度の期間にわたって保護されるべきか）に鑑み、存続期間を定めるべきです。実務上は、１年から５年の間で定められることが多いように思われます。

09 管轄条項について

※サンプル条項

第20条（管轄）

本契約又は個別契約について生じた紛争については、＿＿地方裁判所を第一審の専属的合意管轄裁判所とする。

ポイント解説

（1）　管轄条項の一般的意義

　売買契約に関して訴訟を提起したり、提起されたりなどする場合には、どの裁判所が管轄裁判所になるのかが実務上は重要になります。その管轄裁判所は、原則として民事訴訟法に従って決定されますが[123]、場合によっては遠隔地の裁判所で訴訟対応することとなり、それに伴う大きな労力やコスト（移動費用、弁護士報酬等）も生じ得ます。

　そこで、民事訴訟法は、第一審に限り、当事者の合意によって管轄裁判所を定めることを認めています（同法11条1項）。この合意を管轄合意といい、その内容を定める条項を（合意）管轄条項といいます。これにより予め管轄裁判所を特定することで、上記の労力やコストが生じることを防止できることに意義があります。

（2）　「専属的」

　「専属的」との文言が規定されているかを確認しましょう。

管轄合意の中には、①専属的管轄合意（特定の裁判所のみに管轄を認め

---

[123].例えば、訴訟を提起する場合には、相手方の所在地を管轄する裁判所に対し提起しなければならないのが原則です（民事訴訟法4条1項）。

る合意）と、②付加的管轄合意（合意した裁判所に加え、法律上管轄が認められる裁判所にも管轄を認める合意）が存在します。上記の管轄条項の意義を果たすためには、このうち専属的管轄合意するべきこととなります。

この点に関連して、裁判例[124]においては、「専属的」との文言が存在しない場合において、専属的管轄合意の成立を否定し、付加的管轄合意であると判断したものがあります。かかる裁判例に照らせば、合意する契約書に「専属的」との文言が規定されているかを確認することが重要です。

(3) 簡易裁判所

サンプル条項では、地方裁判所を管轄裁判所と定めていますが、簡易裁判所を管轄裁判所とすることも可能です。ただし、その当否については検討を要します。

すなわち、簡易裁判所においては、簡易かつ迅速な審理がなされることになっていますが（民事訴訟法270条）、他方で、本書で紹介してきたような契約の解釈は、かかる簡易・迅速な審理に馴染まない面もあります。契約書の内容や過去に問題になった紛争の内容に鑑み、簡易裁判所を管轄裁判所とするか検討をする必要があります。

(4) 「紛争」

管轄条項の適用対象は、「裁判」ではなく、「紛争」と規定すべきです。近時、管轄条項の適用対象を「この契約について訴訟の必要が生じたときは」と規定していた場合において、「その文言上、訴訟についての管轄を定めるものであることは明らかである」として、調停に関する合意

124.大阪高決2年2月21日判タ732号270頁

管轄を否定した裁判例があります[125]。管轄条項を裁判に限らず、調停などの別の紛争解決手続にも適用させることを企図するのであれば、「裁判」ではなく、「紛争」と規定すべきでしょう。

125.大阪地決平成29年9月29日判タ1448号188頁

条文&チェックリスト編

　本編では、これまでに見てきた売買基本契約書のサンプルについて、買主編・売主編に分けて修正後のものを示すとともに、チェックすべきポイントをまとめています。

1 売買基本契約書
（買主編サンプル）

〈ご利用に当たって〉

・条文中の【　　】内は、本条文に関する解説及びチェックリストの冒頭頁を指していますので、参考として下さい。

・赤字部分は、新法対応が必要な条文の訂正箇所となっております。

　　　　　（以下「買主」という。）と　　　　　（以下「売主」という。）は、両当事者間の売買取引につき、次の通り売買基本契約（以下「本契約」という。）を締結する。

第1条（目的及び範囲）

1. 【111頁、113頁、115頁参照】本契約は、両当事者間の売買取引に関する基本的事項を定めたものであり、本契約に基づく個々の契約（以下「個別契約」という。）の全てに適用されるものとする。

2. 個別契約において本契約と異なる定めをした場合には、個別契約が本契約に優先して適用されるものとする。

第2条（個別契約の内容）

　個別契約には、発注日、目的物の品名、仕様、数量、単価、注文合計金額、支払条件、納入場所、納入期日、支払期日その他の売買取引に必要な事項を定めるものとする。

第3条（個別契約の成立）【117頁、120頁、122頁参照】

　個別契約は、前条の内容を記載した買主所定の注文書が買主から売主に発送された時に買主が申込みをし、売主所定の注文請書が売主から買主に発送された到達した時に売主が承諾をしたものとして、成立する。但し、売主が買主から注文書を受領してから●日以内に買主に

対して承諾しない旨の意思表示をしないときは、個別契約は成立したものとみなす。

第4条（引渡し）

1．売主は、買主に対して、個別契約に定める納入期日に、個別契約で定める納入場所において、個別契約に定める目的物（以下「本件物品」という。）及び所定の納品書を引き渡す。

2．【29頁、30頁、33頁参照】売主が、前項に従って本件物品を引き渡したときは、買主は、両当事者間で別途定める基準及び方法によって、遅滞なく受入検査を完了させ、その結果を売主に通知する。

3．前項の受入検査に合格した時点で、本件物品に関する検収（以下「本件検収」という。）が完了するものとする。

4．【31頁、33頁参照】第2項の受入検査の結果、不合格品が生じた場合には、売主は、買主の要求に従い、売主の費用負担において、第9条第1項第1号に定める履行の追完代替品を買主に納入するか又は当該不合格品の代金を減額するものとし、また、前三項により、買主が損害を被った場合には、買主は、売主に対し、その損害賠償請求をすることができるものとする。

第5条（所有権）【35頁、37頁参照】

本件物品の所有権は、本件検収の完了時に、売主から買主に移転する。

第6条（危険負担）【22頁、24頁、27頁参照】

1．本件物品について、本件検収が完了する前に滅失、損傷その他の損害（以下「滅失等」という。）が生じた場合には、当該滅失等は、それが買主の責めに帰すべき事由によって生じたときを除き、売主の負担とする。ただし、第11条に定める場合には、同条に定めるところによる。

2．当事者双方の責めに帰することができない事由によって前項の滅

失等が生じ、これにより売主がその債務を履行することができなくなった場合には、買主は、当該本件物品に係る代金の支払いを拒むことができる。

第7条（品質保証）【6頁、15頁参照】

売主は、本件物品が、買主が別途仕様書で指示する仕様に合致していることを確認する。

第8条（代金の支払い）【39頁、41頁参照】

買主は、売主に対して、個別契約に定める支払条件に従い、個別契約に定める支払期日までに、本件物品の代金として個別契約に定める金額を別途売主が指定する銀行口座に振込送金する方法により支払う。ただし、振込手数料は買主の負担とする。

第9条（瑕疵担保責任）【3頁、15頁参照】

1．【4頁、7頁、15頁参照】買主は、本件物品がその種類、品質又は数量に関して本契約又は個別契約の内容に適合しない場合には、売主に対し、本件検収の完了適合しないことを知った日から2年以内に限り（数量又は権利の不適合の場合は期間制限なく）、目的物に隠れた瑕疵が存在したことにより買主が被った損害の賠償を請求次の各号に定める権利のうち一つ又は複数の権利を選択し、行使することができる。なお、買主は、売主に対して第4号に定める権利を行使する場合には、事前に相当の期間を定めて第1号に定める履行の追完を催告することを要しない。

　(1)本件物品の修補、代替物の引渡し、不足分の引渡し（以下「履行の追完」と総称する。）。なお、売主は、買主の請求した方法と異なる方法による履行の追完を請求することができない。

　(2)　契約不適合により買主が被った損害の賠償請求

　(3)　本契約又は個別契約の解除

　(4)　代金の減額の請求

２．【13頁、15頁参照】商法第526条は適用しないものとする。

第10条（契約の解除及び期限の利益の喪失）【96頁、109頁参照】

１．【98頁、103頁、105頁、107頁、109頁参照】当事者は、相手方が次の各号のいずれかに該当する場合には、相手方の責めに帰すべき事由の有無にかかわらず、何らの通知、催告を要することなく、直ちに、本契約又は個別契約の解除をすることができる。この解除は、当事者が相手方に対して損害の賠償を請求することを妨げない。また、相手方が自らに負担している債務は、何らの通知、催告を要することなく、直ちに期限の利益を喪失する。

⑴本契約又は個別契約に違反した場合において、当事者が〔７〕日以上の期間を定めて相手方にその解消を催告したにもかかわらず、その期間内に解消されないとき。

⑵債務の全部又は重要な一部の履行が不能であるとき。

⑶支払不能又は支払停止の状態に陥ったとき。

⑷自ら振り出し若しくは引き受けた手形若しくは小切手の不渡り又は手形交換所若しくは電子債権記録機関による取引停止処分があったとき。

⑸強制執行、仮差押え、仮処分、若しくは競売の申立て、又は公租公課の滞納処分を受けたとき。

⑹破産手続開始、再生手続開始、更生手続開始、特別清算手続開始の申立てを行ったとき若しくは申立てを受けたとき又は任意整理の表明を行ったとき。

⑺監督官庁から営業の停止、許可の取消し等の処分を受けたとき。

⑻解散、会社分割、事業譲渡又は合併の決議をしたとき。

⑼資産又は信用状態に重大な変化が生じ、本契約又は個別契約に基づく債務の履行が困難になるおそれがあると認められるとき。

⑽当事者間の信頼関係が著しく損なわれたとき。

⑾前各号に準じる事由が発生したとき。

2．**【100頁、109頁参照】**前項各号に掲げる事由の発生が、解除をしようとする当事者の責めに帰すべき事由による場合には、当事者は、前項の規定による本契約又は個別契約の解除をすることができない。

第11条（不可効力の免責）【123頁参照】

天災、自社内での労働争議（サボタージュ、ストライキ、ロックアウト、ボイコット）の発生、資材・資源（ガス、石油、電力、水道）の不足、交通機関、輸送施設、港湾設備又は通信回線・設備の使用不能、自らが利用する仕入先、製造業者、倉庫業者、輸送業者の債務不履行その他不可抗力の事象が生じた場合には、かかる事象の影響を受けた当事者の義務は、不可抗力によって生じた遅延の期間中は当然に一時停止されるものとし、これによる債務不履行は生じないものとする。

第12条（反社会的勢力の排除）【142頁参照】

1．当事者は、相手方に対し、次の各号の事項を表明保証し、また、将来にわたって該当しないことを誓約する。

⑴自らが暴力団、暴力団員、暴力団準構成員、暴力団関係企業、総会屋等、社会運動標ぼうゴロ、特殊知能暴力集団等、その他これらに準ずる者（以下、総称して「反社会的勢力」といいます。）に該当しないこと。

⑵自らの役員（取締役、監査役、執行役又はこれらに準ずる者）が反社会的勢力に該当しないこと。

⑶反社会的勢力と次の関係を有していないこと。

① 自ら若しくは第三者の不正の利益を図る目的または第三者に損害を加える目的を持って反社会的勢力を利用する関係

② 反社会的勢力に対して資金等を提供し、または便宜を供与するなど直接的あるいは積極的に暴力団の維持、運営に協力し、もし

くは関与する関係

③　反社会的勢力であることを知りながら、これを不当に利用する などしている関係

④　暴力団または暴力団員と社会的に非難されるべき関係

⑤　その他前①から④までに準ずる関係

(4)反社会的勢力に対し、自らの名義を貸していないこと。

(5)自ら又は第三者をして、次の行為をしていないこと。

①　暴力的な要求行為

②　法的な責任を超えた不当な要求行為

③　脅迫的な言動を用いる行為

④　風説を流布し、偽計又は威力を用いて相手方の業務を妨害し、 又は信用を毀損する行為

⑤　その他①から④までに準ずる行為

2.　当事者は、相手方が、前項において表明保証し、又は誓約した事 項のいずれかに違反することが判明した場合、何らの催告を要せず して、本契約及び個別契約を解除することができる。

3.　前項の規定により、解除をした当事者は、相手方に対し、当該解 除により生じた一切の損害（合理的な弁護士費用を含む。）の賠償を 請求することができる。

4.　前項の規定により、解除をされた当事者は、相手方に対し、当該 解除により生じた一切の損害の賠償を請求することができない。

第13条（損害賠償責任）【17頁、20頁参照】

1.　当事者は、相手方が本契約又は個別契約に違反したことにより損 害を被ったときは、自己が被った損害の賠償を相手方に請求するこ とができる。

2.【18頁、20頁参照】当事者が、相手方に対する本契約又は個別契 約上の債務の履行を遅滞したことにより損害が生じた場合には、相

手方に対し、前項の損害の賠償に加えて、履行すべき日の翌日から当該債務の全ての履行を完了するまで年利14.6％の割合（年365日の日割り計算）による遅延損害金を支払う。

第14条（譲渡制限）【89頁、93頁参照】

１．当事者は、あらかじめ相手方の書面による承諾を得ないかぎり、本契約又は個別契約に基づく契約上の地位並びに権利及び義務の全部又は一部を第三者に譲渡し若しくは引き受けさせ、又は担保に供してはならない。ただし、本契約又は個別契約に基づく権利については、あらかじめ、当該第三者に対して本項に定める譲渡制限特約の存在及び内容を書面により通知し、かつその書面の原本証明付写しを相手方に交付した場合は、この限りでない。

２．当事者が前項に違反した場合は、相手方は、直ちに本契約又は個別契約を解除することができる。

第15条（秘密保持）【146頁参照】

１．買主及び売主は、本契約又は個別契約により知りえた相手方の業務上及び技術上の秘密を、契約の有効期間はもとより終了後といえども、相手方の事前の書面による承諾なしに第三者に開示又は漏洩してはならず、本契約又は個別契約の履行以外の目的で利用してはならない。

２．前項の規定にかかわらず、次のいずれかに該当する情報については、前項に基づく秘密保持義務の対象から除外されるものとする。

(1)相手方から開示される前に公知になっている情報

(2)相手方から開示される前に既に保有していた情報

(3)相手方から開示された後に自己の責めによらずに公知となった情報

(4)正当な権限を有する第三者より秘密保持義務を負わずに買主又は売主が知得した情報

⑸相手方から開示された情報によらずに自己が独自に開発した情報

第16条（有効期間）【131頁参照】

本契約の有効期間は、●年●月●日から●年●月●日までとする。ただし、期間満了の●ヵ月前までに当事者のいずれからも本契約を終了させる旨の申入れがない場合には、本契約は従前と同一の条件で●年間更新されるものとし、以後も同様とする。

第17条（存続条項）

本契約が事由の如何を問わず終了した場合であっても、第9条、第13条、第14条、第15条及び本条から第21条までの各規定はなお有効に存続するものとする。

第18条（変更）

両当事者は、書面で合意することにより、本契約又は個別契約を変更することができる。

第19条（通知）【127頁参照】

1. 本契約又は個別契約に基づく通知その他の一切の連絡（以下「通知等」という。）をする者（以下「通知人」という。）は、通知等を行うときは、書面により、相手方に、直接持参して交付し、又は内容証明郵便、書留郵便、ファクシミリ若しくは電子メール（電子メールについては、相手方が同意した事項に限られ、またＰＤＦファイルその他の添付ファイルによる。）によって送付するものとする。

2. 前項の通知等は、相手方がその内容を推知することができたにもかかわらず通知等を受領せず、又は相手方の所在が不明になり若しくは通知なく相手方の住所が変更されたことにより通知等が相手方に送付できない等、相手方が正当な理由なく意思表示の通知が到達することを妨げたときは、その通知は、通常到達すべきであった時に到達したものとみなす。

第20条（管轄）

本契約又は個別契約について生じた紛争については、＿＿地方裁判所を第一審の専属的合意管轄裁判所とする。

第21条（誠実協議）【129頁参照】

1. 本契約又は個別契約に定めのない事項又は解釈上の疑義については、当事者は、誠意をもって協議し、解決することとする。

2. 前項の協議を行う場合であって、相手方から要求されたときは、当事者は、当該協議を行う旨の合意を書面又は電磁的記録により行うものとする。

本契約の成立を証するため、本契約書2通を作成し、各自記名押印の上、各1通を保有するものとする。

20ＸＸ年Ｘ月Ｘ日

買主

売主

2 売買基本契約書
（売主編サンプル）

〈ご利用に当たって〉

・条文中の【　　】内は、本条文に関する解説及びチェックリストの冒頭頁を指していますので、参考として下さい。

・赤字部分は、新法対応が必要な条文の訂正箇所となっております。

　　　　　（以下「買主」という。）と　　　　　（以下「売主」という。）は、両当事者間の売買取引につき、次の通り売買基本契約（以下「本契約」という。）を締結する。

第1条（目的及び範囲）

1．【111頁、113頁、115頁参照】本契約は、両当事者間の売買取引に関する基本的事項を定めたものであり、本契約に基づく個々の契約（以下「個別契約」という。）の全てに適用されるものとする。

2．個別契約において本契約と異なる定めをした場合には、個別契約が本契約に優先して適用されるものとする。

第2条（個別契約の内容）

　個別契約には、発注日、目的物の品名、仕様、数量、単価、注文合計金額、支払条件、納入場所、納入期日、支払期日その他の売買取引に必要な事項を定めるものとする。

第3条（個別契約の成立）【117頁、120頁、122頁参照】

　個別契約は、前条の内容を記載した買主所定の注文書が買主から売主に発送された時に買主が申込みをし、売主所定の注文請書が売主から買主に発送された到達した時に売主が承諾をしたものとして、成立する。但し売主が買主から注文書を受領してから●日以内に買主に対

して承諾しない旨の意思表示をしないときは、個別契約は成立したものとみなす。

第4条（引渡し）

1. 売主は、買主に対して、個別契約に定める納入期日に、個別契約で定める納入場所において、個別契約に定める目的物（以下「本件物品」という。）及び所定の納品書を引き渡す。

2. 【70頁、71頁、75頁参照】売主が、前項に従って本件物品を引き渡したときは、買主は、両当事者間で別途定める基準及び方法によって、本件物品の引渡し後●営業日以内に遅滞なく受入検査を完了させ、その結果を売主に通知する。本件物品の引渡し後●営業日以内に当該通知が売主に到着しない場合には、当該本件物品は、受入検査に合格したものみなす。

3. 前項の受入検査に合格した時点で、本件物品に関する検収（以下「本件検収」という。）が完了するものとする。

4. 【73頁、75頁参照】第2項の受入検査の結果、不合格品が生じた場合には、売主は、買主の要求に従い、売主の費用負担において第9条第1項第1号に定める履行の追完代替品を買主に納入するか又は当該不合格品の代金を減額するものとし（この場合には、民法562条1項ただし書を準用する。）、また、前三項により、買主が損害を被った場合には、買主は、売主に対し、その損害賠償請求をすることができるものとする。ただし、不合格品が買主の責めに帰すべき事由により生じた場合は、この限りでない。

第5条（所有権）【77頁、79頁参照】

本件物品の所有権は、本件検収の完了時に、売主から買主に移転する。

第6条（危険負担）【64頁、66頁、68頁参照】

本件物品について、本件検収が完了する引渡し前に滅失、損傷その

他の損害（以下「滅失等」という。）が生じた場合には、当該滅失等は、それが買主の責めに帰すべき事由によって生じたときを除き、売主の負担とする。ただし、第11条に定める場合には、同条に定めるところによる。

第7条（品質保証）【48頁、57頁参照】

売主は、本件物品が、買主が別途仕様書で指示する仕様に合致していることを確認する。

第8条（代金の支払い）

1. 【81頁、85頁参照】買主は、売主に対して、個別契約に定める支払条件に従い、個別契約に定める支払期日までに、本件物品の代金として個別契約に定める金額を別途売主が指定する銀行口座に振込送金する方法により支払う。ただし、振込手数料は買主の負担とする。

2. 【83頁、85頁参照】買主は、前項に定める本件物品の代金の支払いを怠ったときは、売主に対し、支払期日の翌日から支払いが完了するまで年利14.6％の割合（年365日の日割計算）による遅延損害金を支払うものとする。

第9条（瑕疵担保責任）【45頁、57頁参照】

1. 【46頁、49頁、54頁、57頁参照】買主は、本件物品がその種類、品質又は数量に関して本契約又は個別契約の内容に適合しない場合であって、かつその不適合が検査時に直ちに発見することができないものであるときは、売主に対し、本件検収の完了日から6か月2年以内に限り、目的物に隠れた瑕疵が存在したことにより買主が被った損害の賠償を請求次の各号に定める権利のいずれかを行使することができる。ただし、第3号の権利は、重大な不適合が存在する場合に限って行使することができるものとする。

(1)本件物品の修補、代替物の引渡し、不足分の引渡し（以下「履行

の追完」と総称する。）。なお、売主は、売主の裁量により、買主の選択と異なる方法による履行の追完をすることができる。

(2)契約不適合により買主が被った損害の賠償請求

(3)本契約又は個別契約の解除

2．【49頁、54頁、57頁参照】民法第563条商法第526条は適用しないものとする。

第10条（契約の解除及び期限の利益の喪失）【96頁、109頁参照】

1．【98頁、103頁、105頁、107頁、109頁参照】当事者は、相手方が次の各号のいずれかに該当する場合には、相手方の責めに帰すべき事由の有無にかかわらず、何らの通知、催告を要することなく、直ちに、本契約又は個別契約の解除をすることができる。この解除は、当事者が相手方に対して損害の賠償を請求することを妨げない。また、相手が自らに負担している債務は、何らの通知、催告を要することなく直ちに期限の利益を喪失する。

(1)本契約又は個別契約に違反した場合において、当事者が〔7〕日以上の期間を定めて相手方にその解消を催告したにもかかわらず、その期間内に解消されないとき。

(2)債務の全部又は重要な一部の履行が不能であるとき。

(3)支払不能又は支払停止の状態に陥ったとき。

(4)自ら振り出し若しくは引き受けた手形若しくは小切手の不渡り又は手形交換所若しくは電子債権記録機関による取引停止処分があったとき。

(5)強制執行、仮差押え、仮処分、若しくは競売の申立て、又は公租公課の滞納処分を受けたとき。

(6)破産手続開始、再生手続開始、更生手続開始、特別清算手続開始の申立てを行ったとき若しくは申立てを受けたとき又は任意整理の表明を行ったとき。

(7)監督官庁から営業の停止、許可の取消し等の処分を受けたとき。

(8)解散、会社分割、事業譲渡又は合併の決議をしたとき。

(9)資産又は信用状態に重大な変化が生じ、本契約又は個別契約に基づく債務の履行が困難になるおそれがあると認められるとき。

(10)当事者間の信頼関係が著しく損なわれたとき。

(11)前各号に準じる事由が発生したとき。

2．【100頁、109頁参照】前項各号に掲げる事由の発生が、解除をしようとする当事者の責めに帰すべき事由による場合には、当事者は、前項の規定による本契約又は個別契約の解除をすることができない。

第11条（不可効力の免責）【123頁参照】

天災、自社内での労働争議（サボタージュ、ストライキ、ロックアウト、ボイコット）の発生、資材・資源（ガス、石油、電力、水道）の不足、交通機関、輸送施設、港湾設備又は通信回線・設備の使用不能、自らが利用する仕入先、製造業者、倉庫業者、輸送業者の債務不履行その他不可抗力の事象が生じた場合には、かかる事象の影響を受けた当事者の義務は、不可抗力によって生じた遅延の期間中は当然に一時停止されるものとし、これによる債務不履行は生じないものとする。

第12条（反社会的勢力の排除）【142頁参照】

1．当事者は、相手方に対し、次の各号の事項を表明保証し、また、将来にわたって該当しないことを誓約する。

(1)自らが暴力団、暴力団員、暴力団準構成員、暴力団関係企業、総会屋等、社会運動標ぼうゴロ、特殊知能暴力集団等、その他これらに準ずる者（以下、総称して「反社会的勢力」といいます。）に該当しないこと。

(2)自らの役員（取締役、監査役、執行役又はこれらに準ずる者）が反社会的勢力に該当しないこと。

⑶反社会的勢力と次の関係を有していないこと。

① 自ら若しくは第三者の不正の利益を図る目的または第三者に損害を加える目的を持って反社会的勢力を利用する関係

② 反社会的勢力に対して資金等を提供し、または便宜を供与するなど直接的あるいは積極的に暴力団の維持、運営に協力し、もしくは関与する関係

③ 反社会的勢力であることを知りながら、これを不当に利用するなどしている関係

④ 暴力団または暴力団員と社会的に非難されるべき関係

⑤ その他前①から④までに準ずる関係

⑷反社会的勢力に対し、自らの名義を貸していないこと。

⑸自ら又は第三者をして、次の行為をしていないこと。

① 暴力的な要求行為

② 法的な責任を超えた不当な要求行為

③ 脅迫的な言動を用いる行為

④ 風説を流布し、偽計又は威力を用いて相手方の業務を妨害し、又は信用を毀損する行為

⑤ その他①から④までに準ずる行為

2. 当事者は、相手方が、前項において表明保証し、又は誓約した事項のいずれかに違反することが判明した場合、何らの催告を要せずして、本契約及び個別契約を解除することができる。

3. 前項の規定により、解除をした当事者は、相手方に対し、当該解除により生じた一切の損害（合理的な弁護士費用を含む。）の賠償を請求することができる。

4. 前項の規定により、解除をされた当事者は、相手方に対し、当該解除により生じた一切の損害の賠償を請求することができない。

第13条（損害賠償責任）【59頁、60頁、62頁参照】

当事者は、相手方が本契約又は個別契約に違反したことにより損害を被ったときは、自己が被った損害の賠償を相手方に請求することができる。ただし、損害賠償の総額は、本契約に基づき締結した各個別契約に定める注文合計金額を限度とする。

第14条（譲渡制限）【89頁、93頁参照】

1．当事者は、あらかじめ相手方の書面による承諾を得ないかぎり、本契約又は個別契約に基づく契約上の地位並びに権利及び義務の全部又は一部を第三者に譲渡し若しくは引き受けさせ、又は担保に供してはならない。ただし、本契約又は個別契約に基づく権利については、あらかじめ、当該第三者に対して本項に定める譲渡制限特約の存在及び内容を書面により通知し、かつその書面の原本証明付写しを相手方に交付した場合は、この限りでない。

2．当事者が前項に違反した場合は、相手方は、直ちに本契約又は個別契約を解除することができる。

第15条（秘密保持）【146頁参照】

1．買主及び売主は、本契約又は個別契約により知りえた相手方の業務上及び技術上の秘密を、契約の有効期間はもとより終了後といえども、相手方の事前の書面による承諾なしに第三者に開示又は漏洩してはならず、本契約又は個別契約の履行以外の目的で利用してはならない。

2．前項の規定にかかわらず、次のいずれかに該当する情報については、前項に基づく秘密保持義務の対象から除外されるものとする。

⑴相手方から開示される前に公知になっている情報

⑵相手方から開示される前に既に保有していた情報

⑶相手方から開示された後に自己の責めによらずに公知となった情報

⑷正当な権限を有する第三者より秘密保持義務を負わずに買主又は

売主が知得した情報

(5)相手方から開示された情報によらずに自己が独自に開発した情報

第16条（有効期間）【131頁参照】

本契約の有効期間は、●年●月●日から●年●月●日までとする。ただし、期間満了の●ヵ月前までに当事者のいずれからも本契約を終了させる旨の申入れがない場合には、本契約は従前と同一の条件で●年間更新されるものとし、以後も同様とする。

第17条（存続条項）

本契約が事由の如何を問わず終了した場合であっても、第9条、第13条、第14条、第15条及び本条から第21条までの各規定はなお有効に存続するものとする。

第18条（変更）

両当事者は、書面で合意することにより、本契約又は個別契約を変更することができる。

第19条（通知）【127頁参照】

1．本契約又は個別契約に基づく通知その他の一切の連絡（以下「通知等」という。）をする者（以下「通知人」という。）は、通知等を行うときは、書面により、相手方に、直接持参して交付し、又は内容証明郵便、書留郵便、ファクシミリ若しくは電子メール（電子メールについては、相手方が同意した事項に限られ、またPDFファイルその他の添付ファイルによる。）によって送付するものとする。

2．前項の通知等は、相手方がその内容を推知することができたにもかかわらず通知等を受領せず、又は相手方の所在が不明になり若しくは通知なく相手方の住所が変更されたことにより通知等が相手方に送付できない等、相手方が正当な理由なく意思表示の通知が到達することを妨げたときは、その通知は、通常到達すべきであった時に到達したものとみなす。

第20条（管轄）

　本契約又は個別契約について生じた紛争については、＿＿地方裁判所を第一審の専属的合意管轄裁判所とする。

第21条（誠実協議）【129頁参照】

1．本契約又は個別契約に定めのない事項又は解釈上の疑義については、当事者は、誠意をもって協議し、解決することとする。

2．前項の協議を行う場合であって、相手方から要求されたときは、当事者は、当該協議を行う旨の合意を書面又は電磁的記録により行うものとする。

　本契約の成立を証するため、本契約書２通を作成し、各自記名押印の上、各１通を保有するものとする。

20ＸＸ年Ｘ月Ｘ日

　　　　　　　買主

　　　　　　　売主

3 チェックリスト
（買主側）

第1条（目的及び範囲）

□ 目的条項の存在と規定内容を確認しましたか？

□ 契約の相手方との間で他の取引がないかを確認しましたか？

第3条（個別契約の成立）

□ 個別契約の成立時期は注文請書の「到達」時になっていますか？ また、そのように修正する必要はありませんか？

□ みなし承諾期間が定められていますか？また、自社にとって十分な期間が設けられていますか？

第4条（引渡し）

□ 検査基準は、具体的かつ明確になっていますか？

□ 検査期間として十分な期間が確保されていますか？

□ 受入検査の合格・不合格による法的効果は具体的に規定されていますか？

第5条（所有権）

□ 所有権の移転時期が、適切な時期（検査完了時等）となっているか確認しましたか？

第6条（危険負担）

□ 「引渡し前に」ではなく、「本件検収の完了前に」と規定されていますか？

□ 代金支払義務の履行を拒絶できることが明記されていますか？

□ 解除原因に「売主の帰責事由によらずその債務が履行不能となったとき」が規定されていますか？

第7条（品質保証）

□ 「不適合」の対象となる「種類」「品質」「数量」が特定できていますか？

第8条（代金の支払い）

□ 支払期日等の支払条件が、自社内の経理部門等の担当部門との関係で対応可能な条件となるよう調整はできていますか？

□ 支払期日等の支払条件を基本契約で定めておく必要はありませんか？

第9条（担保責任）

□ 「隠れた瑕疵」から「契約不適合」への修正ができていますか？

□ 担保責任の内容が、長期間、様々な責任を追及できるように規定されていますか？

□ 商法526条の規定を排除できていますか？

第10条（契約の解除及び期限の利益の喪失）

□ 債務者の帰責事由の有無を問わないことが規定されていますか？

□ 債権者に帰責事由がある場合には解除できないことが規定されていますか？

□ 解除事由をより具体的に定めることや、あえて軽微な事由が除外される形で解除事由を明記していますか？

□ 履行不能の場合も解除事由として規定しましたか？

□ 解除事由の抜け漏れはありませんか？

第13条（損害賠償責任）

☐ 損害賠償責任の条項が規定されていますか？

☐ 遅延損害金の規定を定める必要はありませんか？

第14条（譲渡制限）

☐ 譲渡特約の第三者への事前通知義務を設定しましたか？

☐ 譲渡制限違反に対する罰則を設定しましたか？

4 チェックリスト
（売主側）

第1条（目的及び範囲）

- ☐ 目的条項の存在と規定内容を確認しましたか？
- ☐ 契約の相手方との間で他の取引がないかを確認しましたか？

第3条（個別契約の成立）

- ☐ 個別契約の成立時期は注文請書の「到達」時になっていますか？また、そのように修正する必要はありませんか？
- ☐ みなし承諾期間が定められていますか？また、自社にとって十分な期間が設けられていますか？

第4条（引渡し）

- ☐ 検査基準は、具体的かつ明確になっていますか？
- ☐ 検査時期は具体化されていますか？また、みなし合格規定はありますか？
- ☐ 受入検査の合格又は不合格による法的効果は具体的に規定されていますか？

第5条（所有権）

- ☐ 所有権の移転時期が、適切な時期（検査完了時等）となっているか確認しましたか？

第6条（危険負担）

- ☐ 「本件検収が完了する前に」ではなく、「引渡し前に」と規定されていますか？

□ 引渡し前の滅失の場合に、代金の支払い請求を拒めること以上に、買主に権利を与える内容となっていませんか？

第7条（品質保証）

□ 「不適合」の対象となる「種類」「品質」「数量」が特定できていますか？

第8条（代金の支払い）

□ 支払期日の支払条件が、買主の経理部門等の担当部門との関係で対応可能な条件か確認できていますか？

□ 支払期日等の支払条件を基本契約で定めておく必要はありませんか？

□ 遅延損害金の利率を定める必要はありませんか？
　　または規定がされていますか？

第9条（担保責任）

□ 「隠れた瑕疵」から「契約不適合」への修正ができていますか？

□ 担保責任の内容が、短期間、限定された範囲で責任追及されるような規定になっていますか？

□ 商法526条の規定に即した規定となっていますか？

第10条（契約の解除及び期限の利益の喪失）

□ 債務者の帰責事由の有無を問わないことが規定されていますか？

□ 債権者に帰責事由がある場合には解除できないことが規定されていますか？

□ 解除事由をより具体的に定めることや、あえて軽微な事由が除外される形で解除事由を明記していますか？

□ 履行不能の場合も解除事由として規定しましたか？

□ 解除事由の抜け漏れはありませんか？

第13条（損害賠償責任）

□ 損害賠償責任の規定を定めましょう。

□ 損害賠償額の上限を定めましたか？

第14条（譲渡制限）

□ 譲渡特約の第三者への事前通知義務を設定しましたか？

□ 譲渡制限違反に対する罰則を設定しましたか？

執筆者一覧

【編著者】

滝　琢磨（たき　たくま）

　TMI総合法律事務所　パートナー弁護士。02年中央大学法学部法律学科卒業。2010年から2013年まで金融庁総務企画局市場課（当時）勤務。ファイナンス取引（証券化、REIT、インフラファンド、再生可能エネルギー設備等）、M&A、インサイダー取引規制その他の金融レギュレーション等を主に取り扱う。近年の主な著書は、『ベンチャー企業が融資を受けるための法務と実務』（第一法規、2019年7月）（共著）、「利用者の保護・取引の適正に向けて　暗号資産をめぐる改正法案の概要と影響」（ビジネス法務、2019年7月）、『投資信託・投資法人法コンメンタール』（商事法務、2019年6月）（共著）、「平成30年4月1日施行　金商法改正のポイント～フェア・ディスクロージャー・ルールを中心に～」（会社法務A2Z、2018年3月）、『100問100答　改正債権法でかわる金融実務』（金融財政事情研究会、2017年9月）（共著）等多数。

菅野　邑斗（かんの　ゆうと）

　TMI総合法律事務所　アソシエイト弁護士。14年中央大学法学部法律学科卒業。M&A、倒産処理、企業再生等を主に取り扱う。本書と関連する主要な著作として、『業務委託契約書作成のポイント』（中央経済社、2018年9月）（共著）、『【法令ガイダンス】民法改正「契約総則(3)危険負担・契約の解除」、「契約各論(1)売買」』（LexisNexis AS ONE、2018年）等。

【執筆協力者】

三成　麻香（みつなり　あさか）

　TMI総合法律事務所　アソシエイト弁護士。2011年大阪市立大学法学部卒業。2014年慶応義塾大学法科大学院修了。2015年弁護士登録。第一東京弁護士会所属。一般企業法務、労務、訴訟、リスクマネジメント、一般民事事件、アジア法務等を主に取り扱う。

岩田　周（いわた　いたる）

　TMI総合法律事務所　アソシエイト弁護士。2009年東京大学文学部卒業。2015年早稲田大学大学院法務研究科修了。2016年弁護士登録。第一東京弁護士会所属。一般企業法務、労務、リスクマネジメント、学校法務、訴訟、一般民事事件等を主に取り扱う。

笹川　大智（ささかわ　だいち）

　TMI総合法律事務所　アソシエイト弁護士。2013年慶應義塾大学法学部法律学科卒業。2015年東京大学大学院法学政治学研究科法曹養成専攻修了。2016年弁護士登録。第一東京弁護士会所属。知的財産、スポーツ、エンタテインメント、個人情報、景品表示法等の企業法務を主に取り扱う。本書と関連する主要な著作として、『【法令ガイダンス】民法改正「総則(1)」、「債権総論(7)」、「債権総論(8)」』（LexisNexis AS ONE、2018年）等。

鎌形　尚（かまがた　しょう）

　TMI総合法律事務所　アソシエイト弁護士。2014年明治大学法学部卒業。2016年慶応義塾大学大学院法務研究科卒業。2016年弁護士登録。第二東京弁護士会所属。ファイナンス取引（証券化、インフラファンド、再生可能エネルギー設備等）、Ｍ＆Ａ、労務、一般企業法務等を主に取り扱う。

平　龍大（たいら　りょうすけ）

　TMI総合法律事務所　アソシエイト弁護士。2013年中央大学法学部卒業。2016年早稲田大学大学院法務研究科卒業。2017年弁護士登録。第二東京弁護士会所属。Ｍ＆Ａ、訴訟、知的財産、スポーツ法務、一般企業法務等を主に取り扱う。第二東京弁護士会スポーツ法政策研究会所属。著作として、『【法令ガイダンス】消費者契約法改正＜事業者の努力義務、困惑類型及び無効となる消費者契約条項の類型の追加等＞（平成三十年法律第五十四号）』（LexisNexis AS ONE、2018年）（共著）がある。

戸田　涼介（とだ　りょうすけ）

　TMI総合法律事務所　アソシエイト弁護士。2014年中央大学法学部卒業。2016年東京大学大学院法務研究科中退。2017年弁護士登録。第二東京弁護士会所属。倒産処理、企業再生、訴訟、Ｍ＆Ａ、一般企業法務、スポーツ法務等を主に取り扱う。

長澤　淳哉（ながさわ　じゅんや）

　TMI総合法律事務所　アソシエイト弁護士。2008年防衛医科大学校医学部医学科中退。2013年東京大学法学部卒業。2015年早稲田大学大学院法務研究科卒業。2017年弁護士登録。第一東京弁護士会所属。2019年

〜早稲田大学法科大学院アカデミック・アドバイザー。一般企業法務、訴訟、労務（人事制度の構築・運用等）、国際法務（日本企業の海外進出支援・外国企業の日本進出支援）、知的財産、一般民事・家事・刑事事件、難民認定申請、入管法律相談等に携わる。第一東京弁護士会人権擁護委員会国際人権部会所属。

永津　隆子（ながつ　たかこ）
　TMI総合法律事務所　アソシエイト弁護士。TMIシンガポールオフィス勤務。2008年早稲田大学国際教養学部卒業。2012年東京大学法科大学院卒業。2013年から2014年まで三井住友ファイナンス＆リース株式会社にて勤務。2017年弁護士登録。第一東京弁護士会所属。2018年シンガポール外国法弁護士登録。日系企業の東南アジア進出、ファイナンス取引（証券化等）、東南アジアでのM＆A、コンプライアンス、知的財産保護等を主に取り扱う。

政金　健人（まさかね　けんと）
　TMI総合法律事務所　アソシエイト弁護士。2014年京都大学法学部卒業。2016年中央大学法科大学院法務研究科卒業。2017年弁護士登録。第一東京弁護士会所属。日本空法学会、第一東京弁護士会総合法律研究所租税訴訟実務研究部会所属。ファイナンス取引（証券化、投資型クラウドファンディング、不動産投資、船舶ファイナンス等）、M＆A、税務（タックス・プランニング、税務争訟、国際税務等）、金融レギュレーション、宇宙航空分野、一般企業法務等を主に取り扱う。近年の主な著書は、『事例から見る税務と法務の接点』（大蔵財務協会、2019年7月）（共著）及び『ベンチャー企業が融資を受けるための法務と実務』（第一法規、2019年7月）（共著）がある。

サービス・インフォメーション
―――――― 通話無料 ――――――
①商品に関するご照会・お申込みのご依頼
　　　　　TEL 0120 (203) 694／FAX 0120 (302) 640
②ご住所・ご名義等各種変更のご連絡
　　　　　TEL 0120 (203) 696／FAX 0120 (202) 974
③請求・お支払いに関するご照会・ご要望
　　　　　TEL 0120 (203) 695／FAX 0120 (202) 973

●フリーダイヤル（TEL）の受付時間は、土・日・祝日を除く
　9:00～17:30です。
●FAXは24時間受け付けておりますので、あわせてご利用ください。

改正民法対応
はじめてでもわかる 売買契約書
～図解とチェックリストで抜け漏れ防止～

2019年11月10日　初版発行

編　　著　TMI総合法律事務所　滝　琢磨、菅野　邑斗

発 行 者　田 中 英 弥

発 行 所　第一法規株式会社
　　　　　〒107-8560　東京都港区南青山2-11-17
　　　　　ホームページ　https://www.daiichihoki.co.jp/
装　　丁　篠　隆二

民法売買契約　ISBN 978-4-474-06742-4　C2034（1）